Moderne Küche

Dr. Oetker

MOEWIG

Moderne Küche

Dr. Oetker

Plätzchen und Konfekt

MOEWIG

*Alle Rezepte wurden in der
Dr. Oetker-Versuchsküche ausprobiert und bieten die
Garantie für gutes Gelingen. Dr. Oetker-Kochbücher sind
deshalb Bestseller, weil die Rezepte mühelos
nachgekocht werden können.*

Verlagsunion Erich Pabel-Arthur Moewig KG, Rastatt

Lizenzausgabe mit Genehmigung des Ceres Verlages
Umschlagentwurf und -gestaltung: Werbeagentur Zeuner, Ettlingen
Umschlagfoto: Ceres Verlag
Fotos im Innenteil: C. P. Fischer/Ceres Verlag
Printed in France 1993
Druck und Bindung: Brodard & Taupin, La Flêche, Frankreich
ISBN 3-8118-7327-X

Inhalt

Vorwort

Backen kann zu einer Leidenschaft werden, wenn man sich zuerst einmal mit den vielen Möglichkeiten vertraut gemacht hat, wie Plätzchen in allen Geschmacksrichtungen, köstliches Konfekt und auf der Zunge zergehende Petit fours hergestellt werden. Das kann jede – auch noch so ungeübte – Hausfrau lernen. Mit den in diesem Buch veröffentlichten Rezeptideen und ein wenig Phantasie wird es Ihnen bestimmt gelingen, Ihre Familie immer wieder mit neuen Gebäck-Variationen zu überraschen. Versuchen Sie es doch einmal!

Plätzchen

Orangenplätzchen

	Für den Teig
175 g Butter	geschmeidig rühren, nach und nach
100 g Zucker	
1 Vanillinzucker	
1 Ei	
1 Fläschchen	
Backöl Zitrone	hinzugeben
300 g Weizenmehl	sieben, ⅔ davon eßlöffelweise unterrühren, mit dem Rest des Mehls zu einem glatten Teig verkneten, kalt stellen, dann knapp ½ cm dick ausrollen, mit einer runden Form (Ø 4 cm) ausstechen und auf ein gefettetes Backblech legen, in den vorgeheizten Ofen schieben Strom: 175–200 Gas: 3–4 Backzeit: 10–15 Min
	für den Guß
175 g Puderzucker	sieben, mit
4–5 EL	
Orangenlikör	glattrühren, bis eine dickflüssige Masse entsteht, die erkalteten Plätzchen damit bestreichen
kandierte	
Orangenscheiben	in Stücke schneiden, die Plätzchen damit garnieren.

Schokoknöpfchen

	Für den Teig
150 g Butter	geschmeidig rühren, nach und nach
150 g Zucker	
2 Vanillinzucker	
½ Fl. Rumaroma	und
2 Eier	hinzugeben
200 g Weizenmehl	sieben, eßlöffelweise unterrühren, den Teig in einen Spritzbeutel mit gezackter Tülle füllen, Tupfen nicht zu dicht nebeneinander auf ein Backblech spritzen, in den vorgeheizten Backofen schieben Strom: 200–225 Gas: 4–5 Backzeit: Etwa 10 Minuten sofort nach dem Backen die Plätzchen vom Backblech lösen
	für den Guß
200 g Schokolade	in kleine Stücke brechen, mit
30 g Kokosfett	in einem kleinen Topf im Wasserbad geschmeidig rühren, die erkalteten Plätzchen auf der Unterseite damit bestreichen, mit
Kokosraspeln	bestreuen.

Mandelmürbchen

125 g Butter	geschmeidig rühren, nach und nach
125 g gesiebten Puderzucker	
2 Vanillinzucker	und
Salz	hinzugeben
100 g Weizenmehl	sieben, eßlöffelweise mit
100 g Haferflocken	unterrühren, zuletzt
100 g abgezogene, gemahlene Mandeln	unter den Teig heben, alle Zutaten zu einem glatten Teig verkneten,
Weizenmehl	auf die Tischplatte sieben, aus dem Teig 2 Rollen formen, jede in 30 Scheiben schneiden, diese zu Kugeln formen, auf ein gefettetes Backblech legen
100 g abgezogene Mandeln	in
Milch	tauchen, in die Mitte jeder Teigkugel eine Mandel drücken
	das Backblech in den vorgeheizten Backofen schieben
	Strom: Etwa 175
	Gas: Etwa 2
	Backzeit: 12–15 Minuten.

Tatzen und Tupfen

Farbfoto auf Seite 33

250 g Butter	geschmeidig rühren, nach und nach
175 g Zucker	
1 Vanillinzucker	
1 Ei	unterrühren
175 g Weizenmehl	mit
175 g Speisestärke	mischen, sieben, eßlöffelweise unterrühren
75 g abgezogene, gemahlene Mandeln	unter den Teig rühren, diesen in einen Spritzbeutel (gezackte Tülle) füllen, in Form von kleinen Tatzen und Tupfen auf ein gefettetes Backblech spritzen, in den vorgeheizten Backofen schieben Strom: 175–200 Gas: 3–4 Backzeit: 10–15 Minuten die Tupfen mit
kandierten Kirschstückchen	garnieren
100 g Kuvertüre	in einem Topf im Wasserbad zu einer geschmeidigen Masse verrühren ¼ der Tatzen auf der glatten Seite dünn mit Kuvertüre bestreichen, mit unbestrichenen Tatzen zusammensetzen ¼ der Tatzen dünn mit
Aprikosen-Konfitüre	bestreichen, ebenfalls zusammensetzen, mit den Spitzen in Kuvertüre tauchen.

Terrassen

Farbfoto auf Seite 34

300 g Weizenmehl	mit
2 gestrichenen TL Backpulver	mischen, auf die Tischplatte sieben, in die Mitte eine Vertiefung eindrücken
100 g Zucker *1 Vanillinzucker* *1 Ei*	hineingeben, mit einem Teil des Mehls zu einem dicken Brei verarbeiten
150 g kalte Butter	in Stücke schneiden, auf den Brei geben, mit Mehl bedecken, von der Mitte aus alle Zutaten schnell zu einem glatten Teig verkneten, sollte er kleben, ihn eine Zeitlang kalt stellen den Teig dünn ausrollen, Plätzchen von gleicher Form, aber in drei verschiedenen Größen (die gleiche Anzahl von jeder Größe) ausstechen, auf ein Backblech legen, in den vorgeheizten Backofen schieben Strom: 175–200 Gas: 3–4 Backzeit: 8–10 Minuten von je drei Plätzchen verschiedener Größe die beiden kleinen auf der Unterseite mit
Gelee oder Konfitüre (durch ein Sieb gestrichen)	bestreichen, terrassenförmig auf das größte setzen, die Plätzchen mit
Puderzucker	bestäuben, mit einem Konfitüretüpfchen garnieren.

Sandhörnchen

	Für den Teig
250 g Weizenmehl	mit
1 gestr. TL Backpulver	mischen, auf die Tischplatte sieben, eine Vertiefung eindrücken
75 g Zucker	
1 Vanillinzucker	
Salz	
1 Fl. Rumaroma	und
2 Eßl. Wasser	hineingeben
100 g kalte Butter	in Stücke schneiden, daraufgeben, mit Mehl bedecken von der Mitte aus schnell zu einem glatten Teig verkneten und eine Zeitlang kalt stellen aus dem Teig daumendicke Rollen formen, in etwa 2 cm lange Stücke schneiden, diese zu 6 cm langen Rollen formen, in
groben Zucker	drücken, als Hörnchen auf ein Backblech legen, in den vorgeheizten Backofen schieben Strom: 175–200 Gas: 3–4 Backzeit: Etwa 10 Minuten
	für den Guß
25 g Schokolade	zerkleinern, mit
Kokosfett	in einem Topf im Wasserbad geschmeidig rühren, die Hörnchen an den Enden mit dem Guß bestreichen.

Biskotten

3 Eigelb	schaumig schlagen, nach und nach etwa die Hälfte von
140 g Zucker	und
1 Vanillinzucker	hinzugeben, so lange schlagen, bis eine cremeartige Masse entstanden ist
3 Eiweiß	steif schlagen, nach und nach den Rest des Zuckers unterarbeiten
	den Schnee auf die Eigelbcreme geben
125 g Weizenmehl	darübersieben, unter die Eigelbcreme ziehen (nicht rühren), den Teig in einen Spritzbeutel mit glatter Tülle füllen, Streifen auf ein mit Pergamentpapier belegtes Backblech spritzen, mit
Puderzucker	bestäuben
	das Backblech in den vorgeheizten Backofen schieben Strom: Etwa 200 Gas: Etwa 3 Backzeit: Etwa 10 Minuten.

Springerle

2 Eier	schaumig schlagen, nach und nach
200 g gesiebten Puderzucker	
1 Vanillinzucker	hinzugeben, so lange schlagen, bis eine dicke, cremeartige Masse entstanden ist
225 g Weizenmehl	mit
1 Msp. Backpulver	mischen, sieben, so viel davon unter die Masse rühren, daß ein fester Brei entsteht, den Rest des Mehls auf die Tischplatte sieben, den Brei daraufgeben, mit Mehl bedecken, mit den Händen zu einem glatten Teig verkneten, sollte er kleben, noch bis zu
50 g Weizenmehl	hineinkneten den Teig etwa 1 cm dick ausrollen, Rechtecke in der Größe der Backmodels herausschneiden, diese bestäuben, den Teig in die Models drücken, sie dann abheben, in die aufgeprägten Rechtecke zerschneiden, die Springerle auf ein gefettetes, mit
Anissamen	bestreutes Backblech legen, in einem mäßig warmen Raum etwa 24 Stunden trocknen lassen (Bleche nicht aufeinandersetzen!) Backbleche in den vorgeheizten Backofen schieben

Strom: 125–150
Gas: 1–2
Backzeit: Etwa 30 Minuten
da die Oberfläche des Gebäcks weiß bleiben soll, nach dem Aufgehen (sobald sich ein kleiner Sockel gebildet hat) ein kaltes Backblech oben in den Backofen schieben
die Springerle nach dem Backen einige Tage offen (nicht in einer Dose) an der Luft stehenlassen, damit sie weich werden, erst dann in eine Blechdose geben und gut geschlossen aufbewahren.

Mohnkränzchen

175 g Butter	geschmeidig rühren, nach und nach
100 g Zucker	
1 Vanillinzucker	und
1 Ei	hinzugeben
175 g Weizenmehl	
75 g Speisestärke	mischen, sieben, mit
100 g gemahlenem	
Mohn	vermischen, eßlöffelweise unterrühren, den Teig in einen Spritzbeutel mit gezackter Tülle füllen, Ringe (Durchmesser etwa 4 cm) auf ein Backblech spritzen, in den vorgeheizten Backofen schieben

Strom: 175–200
Gas: 3–4
Backzeit: Etwa 10 Minuten.

Marzipan-Kokossterne

	Für die Marzipansterne
400 g Marzipanrohmasse	etwa 2 mm dick auf
gesiebtem Puderzucker	ausrollen, Sterne ausstechen, auf ein gefettetes Backblech legen
	für den Belag
1 Packung Feingebäckmischung (Kokosmakronen)	mit
4 Eiweiß	nach der Vorschrift auf der Packung zubereiten, in einen Spritzbeutel mit mittelgroßer gezackter Tülle füllen, jeweils als Tuff auf die Marzipansterne spritzen
50 g Belegkirschen	in Streifen schneiden, die Tuffs damit garnieren, das Backblech in den vorgeheizten Backofen schieben Strom: Etwa 175 Gas: 2–3 Backzeit: 8–10 Minuten.

Früchteplätzchen

	Für den Teig
1 Packung Backmischung Königskuchen	
75 g weiche Margarine	
2 Eier	nach Packungsvorschrift zubereiten
Früchtemischung (aus der Packung)	
30 g Hagelzucker	und
30 g abgezogene, gehackte Mandeln	vorsichtig unter den Teig rühren, mit 2 Teelöffeln walnußgroße Häufchen auf ein gefettetes Backblech setzen, in den vorgeheizten Backofen schieben Strom: 175–200 Gas: 3–4 Backzeit: 10–15 Minuten
	für den Guß
50 g zartbittere Schokolade	in kleine Stücke brechen, mit
1 Messerspitze Kokosfett	in einem kleinen Topf im Wasserbad zu einer geschmeidigen Masse verrühren, die erkalteten Plätzchen damit besprenkeln.

Brezeln, bunte

	Für den Teig
250 g Weizenmehl	mit
2 gestr. Teel. Backpulver	mischen, auf die Tischplatte sieben, eine Vertiefung eindrücken
1 Vanillinzucker	
250 g Magerquark	
200 g kalte Butter	in Stücken hineingeben, mit Mehl bedecken und schnell zu einem glatten Teig verkneten, etwa ½ cm dick ausrollen, mehrfach übereinanderschlagen und ausrollen, noch zweimal wiederholen, den Teig über Nacht kalt stellen, etwa ½ cm dick ausrollen, in Streifen von ½×22 cm schneiden, zu Brezeln schlingen, auf ein mit Wasser abgespültes Backblech legen, in den vorgeheizten Backofen schieben Strom: 200–225 Gas: 4–5 Backzeit: Etwa 15 Minuten
	für den Guß
300 g zartbittere Schokolade	in kleinen Stücken, mit
75 g Kokosfett	im Wasserbad verrühren, die erkalteten Brezeln hineintauchen, mit
bunten Zuckerstreuseln	bestreuen.

Knusperwölkchen

	Für den Teig
1 Packung Nußmakronengebäck	
2 Eiweiß	
1 Teel. Wasser	mit zusätzlich
100 g Orangeat, fein gewürfelt	
2 gestr. Teel. Lebkuchengewürz	
4 Tropfen Backöl Zitrone	nach Vorschrift auf der Packung einen Teig zubereiten die Masse mit einem in Wasser getauchten Messer bergförmig auf
25 Oblaten (Durchmesser etwa 7 cm)	streichen, auf ein Backblech legen, in den vorgeheizten Backofen schieben Strom: 175–200 Gas: 3–4 Backzeit: 15–20 Minuten
	für den Guß
30 g Puderzucker	sieben, mit
2 Eßl. Rosenwasser	verrühren, die noch warmen Plätzchen damit bestreichen.

Prager Plätzchen

	Für den Teig
375 g Weizenmehl	mit
1 gestrich. Teel. Backpulver	mischen, auf die Tischplatte sieben und eine Vertiefung eindrücken
50 g Zucker	
1 Vanillinzucker	und
3 Eigelb	hineingeben, mit einem Teil des Mehls zu einem dicken Brei verarbeiten
250 g kalte Butter	in Stücken daraufgeben, schnell zu einem glatten Teig verkneten, kalt stellen, danach dünn ausrollen, mit einer runden Form (4 cm ∅) ausstechen, auf ein Backblech legen
	für den Belag
3 Eiweiß	steif schlagen (ein Messerschnitt muß sichtbar bleiben)
200 g Puderzucker	sieben, nach und nach unterschlagen die Masse in einen Spritzbeutel füllen, Tuffs auf die Teigplätzchen spritzen, mit
75 g gehackten Mandeln	bestreuen, von
175 g verlesenen Korinthen	in jedes Plätzchen einige hineindrücken und in den vorgeheizten Backofen schieben Strom: 175–200 Gas: 3–4 Backzeit: 10–15 Min.

Anisplätzchen

3 Eier	schaumig schlagen, nach und nach
200 g Zucker	
1 Vanillinzucker	hinzugeben, so lange schlagen, bis eine dicke, cremeartige Masse entstanden ist, nach etwa 15 Minuten
125 g Weizenmehl	mit
125 g Speisestärke	mischen, sieben, eßlöffelweise mit
15 g gemahlenem	
Anissamen	unterrühren, mit 2 Teelöffeln Häufchen auf gefettete, mit
Weizenmehl	bestäubte Backbleche setzen, (genügend Zwischenraum lassen!) über Nacht nebeneinander in einem warmen Raum trocknen lassen die Bleche am anderen Tag in den vorgeheizten Backofen schieben Strom: 130–150 Gas: 1–2 Backzeit: Etwa 35 Minuten.

Nußmöppchen

	Für den Teig
150 g Butter	geschmeidig rühren, nach und nach
175 g Zucker	
1 Vanillinzucker	
½ Fl. Rumaroma	und
1 Ei	hinzugeben
250 g Weizenmehl	mit
2 gestrich. Teel. Backpulver	mischen, ⅔ des Mehls eßlöffelweise unterrühren, den Teigbrei mit dem Rest des Mehls,
150 g Grieß	und
100 g gemahlenen Haselnußkernen	verkneten, den Teig eine Zeitlang kalt stellen, zu 2 cm dicken Rollen formen, in ca. ½ cm dicke Scheiben schneiden, diese zu Kugeln formen, auf ein gefettetes Backblech legen, je einen von
100 g Haselnußkernen	leicht in eine Kugel eindrücken, das Blech in den vorgeheizten Backofen schieben Strom: 175–200 Gas: 3–4 Backzeit: 20–25 Min
	für den Guß
fertige Schokoladenglasur	im Wasserbad erhitzen, die Plätzchen damit besprenkeln.

Makronentörtchen

200 g Weizenmehl	mit
1 gestrich. Teel. Backpulver	mischen, auf die Tischplatte sieben, eine Vertiefung eindrücken
75 g Zucker	
1 Vanillinzucker	
4 Trpf. Zitronenöl	und
2 Eigelb	hineingeben, mit einem Teil des Mehls zu einem Brei verarbeiten
100 g kalte Butter	in Stücken daraufgeben, einen glatten Teig kneten und dünn ausrollen, mit einer gezackten Form (6 cm ∅) Plätzchen ausstechen, auf ein gefettetes Backblech legen
	für den Belag
1 Packung Nußmakronengebäck	mit
2 Eiweiß	und
1 Teel. Wasser	nach Vorschrift zubereiten, in einen Spritzbeutel mit gezackter Tülle füllen, auf jedes Plätzchen einen Kranz spritzen
4–5 Eßl. Aprikosenmarmelade	verrühren, Tupfen in die Mitte der Plätzchen geben, das Backblech in den vorgeheizten Backofen schieben Strom: 175–200 Gas: 3–4 Backzeit: 15–18 Min.

Hütchen, gefüllte

	Für die Füllung
125 g Puderzucker, 125 g abgezogene, gemahlene Mandeln, 3 Tropfen Bittermandelöl, 1 Eiweiß	die nebenstehenden Zutaten unter ständigem Rühren erwärmen, bis eine gleichmäßige Masse entsteht, erkalten lassen, haselnußgroße Kugeln daraus formen
	für den Teig
250 g Weizenmehl	mit
1 gestrich. Teel. Backpulver	mischen, auf die Tischplatte sieben, in eine Vertiefung
75 g Zucker	
1 Vanillinzucker	und
1 Ei	geben
125 g kalte Butter	in Stücken daraufgeben, zu einem glatten Teig kneten, eine Zeitlang kalt stellen, dann dünn ausrollen, Plätzchen ausstechen, mit je einer Mandelkugel belegen, den Teigrand leicht anheben und einen „Dreispitz" formen, die Hütchen auf ein Backblech legen
1 Eigelb	mit
1 Eßl. Milch	verschlagen, Gebäck damit bestreichen, Blech in den vorgeheizten Backofen schieben Strom: 175–200 Gas: 3–4 Backzeit: 10–15 Min.

Walnußkugeln

	Für den Teig
150 g Weizenmehl	mit
1 gestr. Teel. Backpulver	mischen, auf die Tischplatte sieben, eine Vertiefung eindrücken
150 g Grieß	
60 g Zucker	
Salz	
3–4 Eßl. Milch	hineingeben
150 g kalte Butter	in Stücke schneiden, hinzufügen, mit Mehl bedecken, alle Zutaten schnell zu einem glatten Teig verkneten und etwa 20 Minuten kalt stellen
	für die Füllung
75 g gemahlene Walnußkerne	mit
50 g Zucker	
1 Teel. gemahlenem Zimt	mischen
	aus dem Teig 30–35 walnußgroße Kugeln formen, flachdrücken, in die Mitte etwas Füllung geben, wieder zu Kugeln formen, erneut flachdrücken, auf ein Backblech legen, in den vorgeheizten Backofen schieben Strom: Etwa 200 Gas: Etwa 3 Backzeit: Etwa 20 Minuten.

Marzipanwürfel

	Für den Teig
150 g Weizenmehl	mit
½ gestr. Teel. Backpulver	mischen, auf die Tischplatte sieben, eine Vertiefung eindrücken
65 g Zucker	
1 Vanillinzucker	
1 Ei	(die Hälfte des Eiweißes zurücklassen) hineingeben, mit einem Teil des Mehls zu einem dicken Brei verarbeiten
65 g kalte Butter	in Stücken daraufgeben, mit Mehl bedecken, von der Mitte aus alle Zutaten schnell zu einem glatten Teig verkneten und eine Zeitlang kalt stellen den Teig in der Größe von 25×25 cm auf einem Backblech ausrollen, mehrmals mit einer Gabel einstechen, das Backblech in den vorgeheizten Backofen schieben, nur hellgelb backen Strom: 200–225 Gas: 3–4 Backzeit: 10–15 Minuten
etwa 100 g Aprikosenkonfitüre	durch ein Sieb streichen, die gut ausgekühlte Gebäckplatte damit bestreichen

	für den Belag
150 g Puderzucker	sieben, mit
250 g Marzipanrohmasse	verkneten, auf
gesiebtem Puderzucker	in der Größe von 25×25 cm ausrollen die Marzipanplatte auf die Gebäckplatte legen, gut andrücken mit einem Messerrücken oder kleinen Förmchen Verzierungen eindrücken die obere Seite mit dem zurückgelassenen Eiweiß leicht bestreichen das Backblech auf die oberste Schiene in den vorgeheizten Backofen schieben, leicht überbacken Strom: Etwa 250 Gas: Etwa 8 Backzeit: 10–15 Minuten das Gebäck erkalten lassen, in Würfel schneiden
	für den Guß
etwa 200 g dunkle Kuvertüre	in einem kleinen Topf im Wasserbad bei schwacher Hitze zu einer geschmeidigen Masse verrühren, die Marzipanwürfel bis zur Hälfte hineintauchen.

Glückspilze

Farbfoto auf Seite 35

	Für den Teig
400 g Weizenmehl	mit
½ gestrich. Teel. Backpulver	mischen, auf die Tischplatte sieben, eine Vertiefung eindrücken
75 g Zucker	
1 Vanillinzucker	
Salz	und
2 Eier	hineingeben, mit einem Teil des Mehls vermengen
150 g kalte Butter	in Stücken auf den Brei geben, mit Mehl bedecken und alle Zutaten zu einem glatten Teig verkneten, eine Zeitlang kalt stellen, dann 3 mm dick ausrollen, mit einer runden, gezackten Form ausstechen (5 cm ∅), auf ein Backblech legen, mit
Dosenmilch	bestreichen, mit
je 200 g Belegkirschen, rot und grün	sowie
100 g halbierten Mandeln	in Form von Pilzen garnieren, in den vorgeheizten Ofen schieben Strom: 175–200 Gas: 3–4 Backzeit: 10–12 Min.
50 g Puderzucker	mit etwas Wasser verrühren, mit der spritzfähigen Masse weiße Tupfen auf die Pilzhüte spritzen.

Baisers, bunte

2 Eiweiß	steif schlagen, es muß so fest sein, daß ein Messerschnitt sichtbar bleibt, nach und nach ⅔ von
120 g Zucker	unterschlagen
½ Teel. Zitronensaft	hinzufügen, den restlichen Zucker unterschlagen, den Eierschnee in Portionen teilen, mit
Lebensmittelfarbe (rosa, grün)	färben (evtl. einen Teil weiß lassen) den Eierschnee in einen Spritzbeutel mit Sterntülle füllen, verschiedene Formen (z. B. Kränze, Schleifen, Dreiecke, Quadrate) auf ein mit gefettetem Pergamentpapier belegtes Backblech spritzen, mit
bunten Zuckerstreuseln oder -perlen	garnieren, das Backblech in den vorgeheizten Backofen schieben Strom: Etwa 100 Gas: Etwa 1 Backzeit: Etwa 1 ½ Stunden danach den Backofen ausschalten, die Baisers noch weitere 10 Minuten im Ofen lassen.

Spritzgebäck
Rezept auf Seite 74

Spekulatius
Rezept auf Seite 89

Florentiner Plätzchen
Rezept auf Seite 61/62

Marzipan-Kokosmakronen
Rezept auf Seite 73

Glückspilze
Rezept auf Seite 41

Nußecken
Rezept auf Seite 57/58

Schokoladenstangen

	Für den Teig
1 Backmischung Butter-Spritzgebäck	mit
200 g Butter	
1 Ei	und
3 Eßl. Wasser	nach Vorschrift zubereiten und
100 g aufgelöste zartbittere Schokolade	hinzufügen, den Teig in einen Spritzbeutel füllen, auf ein gefettetes Backblech jeweils zwei 5 cm lange Streifen nebeneinander, einen dritten daraufspritzen, in den vorgeheizten Backofen schieben Strom: 175–200 Gas: 3–4 Backzeit: Etwa 8 Min.
	für die Füllung
2 Eßl. Orangenkonfitüre	durch ein Sieb streichen, die Hälfte der erkalteten Stangen auf der Unterseite damit bestreichen, die übrigen mit der Unterseite darauflegen
	für den Guß
75 g zartbittere Schokoladenstücke	mit
20 g Kokosfett	im Wasserbad verrühren, jeweils ein Stangenende hineintauchen.

Kokosmakronen mit Quark

	Für den Teig
4 Eiweiß	steif schlagen, es muß so fest sein, daß ein Messerschnitt sichtbar bleibt, nach und nach
150 g Zucker *1 Vanillinzucker* *65 g Magerquark*	darunterschlagen
4 Tropfen Bittermandelöl	vorsichtig unterrühren
200 g Kokosraspeln	unterheben, mit 2 Teelöffeln auf ein gefettetes Backblech setzen, in den vorgeheizten Backofen schieben Strom: 200–225 Gas: 3–4 Backzeit: 10–15 Minuten
	für den Guß
100 g dunkle Kuchenglasur	nach Vorschrift auf dem Päckchen auflösen, die erkalteten Makronen jeweils zur Hälfte damit bestreichen.

Tatzen und Tupfen
Rezept auf Seite 13

Terrassen
Rezept auf Seite 14

Teegebäck

	Für den Teig
500 g Weizenmehl	mit
2 gestr. Teel. Backpulver	mischen, auf die Tischplatte sieben, eine Vertiefung eindrücken
150 g Zucker *1 Vanillinzucker* *2 Eier*	hineingeben, mit einem Teil des Mehls zu einem dicken Brei verarbeiten
250 g kalte Butter	in Stücke schneiden, auf den Brei geben, mit Mehl bedecken, von der Mitte aus alle Zutaten schnell zu einem glatten Teig verkneten und eine Zeitlang kalt stellen aus diesem Teig verschiedene Plätzchen zubereiten
	für Brezeln bleistiftdicke Rollen formen, zu Brezeln legen, mit
Milch	bestreichen, in
Zucker	drücken, auf ein Backblech legen, in den vorgeheizten Backofen schieben.

	für Fruchtplätzchen
	den Teig dünn ausrollen, runde Plätzchen und Ringe in gleicher Größe ausstechen, auf ein Backblech legen, in den vorgeheizten Backofen schieben
	die erkalteten Plätzchen mit
Konfitüre	bestreichen, auf jedes einen mit
Puderzucker	bestäubten Ring legen
	für gefüllte Plätzchen
	den Teig dünn ausrollen, runde Plätzchen ausstechen, im vorgeheizten Backofen backen
	die Hälfte der erkalteten Plätzchen auf der Unterseite mit
Konfitüre	bestreichen, die übrigen darauflegen, mit
Puderzucker	bestäuben
	für Zucker- oder Mandelplätzchen
	runde Formen benutzen, die Plätzchen mit
Milch	bestreichen, mit
Zucker oder gehackten Mandeln	bestreuen, das Backblech in den vorgeheizten Backofen schieben
	Strom: 175–200
	Gas: Gas 3–4
	Backzeit: Für jedes Gebäck 8–10 Minuten.

Baumkuchenspitzen

	Für den Teig
200 g Butter	geschmeidig rühren, nach und nach
200 g Zucker	
1 Vanillinzucker	
2 Eier	
2 Eigelb	
3 Eßl. Weinbrand	hinzugeben
100 g Weizenmehl	
50 g Speisestärke	
2 gestr. Teel. Backpulver	mischen, sieben, eßlöffelweise unter den Teig rühren
50 g abgezogene Mandeln	unterrühren
2 Eiweiß	zu steifem Schnee schlagen, vorsichtig unter den Teig heben
	den gefetteten Boden einer Kastenform (30×11 cm) mit Pergamentpapier auslegen, 1 gut gehäuften Eßl. Teig gleichmäßig mit einem Pinsel daraufstreichen, die Form auf dem Rost in den Backofen schieben (Abstand zwischen Grill und Teigschicht etwa 20 cm), die Teigschicht unter dem vorgeheizten Grill hellbraun backen
	Strom: Etwa 2 Minuten
	Gas: Etwa 2 Minuten

als zweite Schicht 1–2 Eßl. Teig auf die gebackene Schicht streichen, die Form wieder unter den Grill schieben, auf diese Weise zunächst die Hälfte des Teiges (6 Schichten) verarbeiten (die Einschubhöhe nach Möglichkeit verändern, daß der Abstand von etwa 20 cm zwischen Grill und Teigschicht bestehen bleibt) das fertige Gebäck mit einem Messer vorsichtig vom Rand der Form lösen, auf einen Kuchenrost stürzen, das Papier abziehen
den restlichen Teig auf die gleiche Weise backen, die beiden Gebäckstücke erkalten lassen, jeweils der Länge nach halbieren, so daß vier Stangen entstehen
diese dann so schneiden, daß Dreiecke (Spitzen) entstehen

für den Guß

300 g zartbittere Schokolade
in Stücken, mit
etwas Kokosfett
in einem kleinen Topf im Wasserbad verrühren, die Gebäckstücke mit einem Holzstäbchen hineintauchen, auf ein Pergamentpapier setzen

etwas gesiebten Puderzucker
mit
etwas Eiweiß
verrühren, die Baumkuchenspitzen damit verzieren.

Nußschnecken

	Für den Teig
250 g Weizenmehl	mit
½ gestr. Teel. Backpulver	mischen, auf die Tischplatte sieben, eine Vertiefung eindrücken
50 g Zucker	
1 Vanillinzucker	und
1 Ei	hineingeben, mit einem Teil des Mehls zu einem dicken Brei verarbeiten
125 g kalte Butter	in Stücken daraufgeben, mit Mehl bedecken, alle Zutaten schnell zu einem glatten Teig verkneten und eine Zeitlang kalt stellen
	für die Füllung
125 g gemahlene Haselnußkerne	mit
75 g Zucker	
1 Vanillinzucker	
1 Eiweiß	
½Eigelb	und
2 Eßl. Weinbrand	zu einer geschmeidigen Masse verrühren
100 g Rumrosinen	sehr fein hacken, hinzufügen
	den Teig in 3 Teile teilen, jedes zu einem Rechteck von 30×25 cm ausrollen, die Füllung gleichmäßig auf den Teigstücken verstreichen, jedes Teil von der längeren Seite her aufrollen, so lange kalt stellen (am besten über Nacht), bis sie hart geworden sind.

	die Rollen in etwa ½ cm dicke Scheiben schneiden
etwa 50 g Zucker	mit
½ Teel. Zimt, gemahlen	mischen, die Scheiben jeweils mit einer Seite hineindrücken, mit dieser Seite auf ein mit gefettetem Pergamentpapier belegtes Backblech legen
½ Eigelb	mit
1 Eßl. Milch	verschlagen, die Plätzchen damit bestreichen, das Backblech in den vorgeheizten Backofen schieben Strom: 175–200 Gas: 3–4 Backzeit: 10–15 Minuten.

Plätzchen, gefüllte

1 Backmischung Butter-Spritzgebäck	in eine Rührschüssel geben
150 g kalte Butter	in Stücken
1 Ei	und
2 Eßl. kaltes Wasser	hinzugeben, mit einem elektrischen Handrührgerät mit Knethaken auf der höchsten Stufe in etwa 3 Minuten zu einer zusammenhängenden Masse verarbeiten, auf die Tischplatte geben, mit den Händen schnell zu einem glatten Teig verkneten, den Teig kurze Zeit kalt stellen, ausrollen, runde Plätzchen und Ringe gleicher Größe ausstechen (Durchmesser etwa 4 cm), auf ein gefettetes Backblech legen, in den vorgeheizten Backofen schieben Strom: 175–200 Gas: 3–4 Backzeit: Etwa 12 Minuten die erkalteten Plätzchen mit
rotem Gelee	bestreichen die Ringe mit
gesiebtem Puderzucker	(aus der Packung) bestäuben, auf jedes Plätzchen einen Ring legen.

Schneetaler

300 g Weizenmehl	auf die Tischplatte sieben, in die Mitte eine Vertiefung eindrücken
100 g Zucker *1 Vanillinzucker* *100 g abgezogene, gemahlene Mandeln*	hineingeben
275 g kalte Butter	in Stücken, auf die Mandeln geben, mit Mehl bedecken, von der Mitte aus alle Zutaten zu einem glatten Teig verkneten und eine Zeitlang kalt stellen, den Teig in kleinen Portionen dünn ausrollen, mit einer runden Form (Ø 4–5 cm) ausstechen, auf ein Backblech legen, in den vorgeheizten Backofen schieben Strom: 175–200 Gas: 3–4 Backzeit: 8–10 Minuten
50–75 g gesiebten Puderzucker	mit
1 Vanillinzucker	mischen, das erkaltete Gebäck damit bestäuben.

Weinplätzchen

	Für den Teig
325 g Weizenmehl	auf die Tischplatte sieben, eine Vertiefung eindrücken
125 g Zucker	
1 Vanillinzucker	und
3 Eßl. Weißwein	hineingeben, mit einem Teil des Mehls zu einem dicken Brei verarbeiten
200 g kalte Butter	in Stücken daraufgeben, mit Mehl bedecken, schnell zu einem glatten Teig verkneten und eine Zeitlang kalt stellen, den Teig etwa 3 mm dick ausrollen, mit einer runden Form (Durchmesser etwa 4 cm) ausstechen, auf ein Backblech legen
	für den Belag
2 Eiweiß	steif schlagen, (der Schnee muß so fest sein, daß ein Messerschnitt sichtbar bleibt), die Teigplätzchen damit bestreichen
60 g Zucker	mit
etwas gemahlenem Zimt	mischen, die Plätzchen mit dem Zimtzucker und mit
abgezogenen, gehackten Mandeln	bestreuen, das Backblech in den vorgeheizten Backofen schieben Strom: 175–200 Gas: 3–4 Backzeit: 10–15 Minuten.

Kameruner

	Für den Teig
275 g Weizenmehl	mit
25 g Kakao	
1 gestr. Teel. Backpulver	mischen, auf die Tischplatte sieben, eine Vertiefung eindrücken
125 g Zucker	
2 Eier	hineingeben, mit einem Teil des Mehls zu einem dicken Brei verarbeiten
125 g kalte Butter	in Stücken daraufgeben, mit Mehl bedecken, von der Mitte aus schnell zu einem glatten Teig verkneten und eine Zeitlang kalt stellen den Teig 3–5 mm dick ausrollen, Halbmonde ausstechen, auf ein gefettetes Backblech legen, in den vorgeheizten Backofen schieben Strom: 175–200 Gas: 3–4 Backzeit: 8–10 Minuten
	für den Guß
100 g Schokolade	in kleine Stücke brechen, mit
20 g Kokosfett	in einem kleinen Topf im Wasserbad zu einer geschmeidigen Masse verrühren, das Gebäck mit dem Guß bestreichen.

Linzer Plätzchen

250 g Weizenmehl	auf die Tischplatte sieben, in die Mitte eine Vertiefung drücken
125 g Zucker *½ Packung Citroback* *1 Packung Rumback* *2 Eigelb*	hineingeben, mit einem Teil des Mehls zu einem dicken Brei verarbeiten
125 g kalte Butter	in Stücken auf den Brei geben
100 g abgezogene gemahlene Mandeln	darüberstreuen, mit Mehl bedecken, alle Zutaten schnell verkneten, Teig eine Zeitlang kalt stellen den Teig messerrückendick ausrollen, mit einer runden, gezackten Form (Durchmesser etwa 4 cm) Plätzchen ausstechen, auf ein Backblech legen
2 Eiweiß	verschlagen, die Plätzchen damit bestreichen, das Backblech in den vorgeheizten Backofen schieben Strom: Etwa 200 Gas: 3–4 Backzeit: Etwa 15 Minuten die erkalteten Plätzchen dünn mit
Himbeer-Johannisbeergelee	bestreichen, mit
Zitronenglasur	kleine Pünktchen daraufsetzen (oder umgekehrt)

Nußherzen

3 Eiweiß	steif schlagen, es muß so fest sein, daß ein Messerschnitt sichtbar bleibt
250 g Puderzucker	sieben, eßlöffelweise unterschlagen, die Masse teilen, eine Hälfte mit
30 g feingehackter Sukkade *250 g gemahlenen Haselnüssen* *1 Packung Rumback*	vermengen, gut durchkneten, auf der mit
Zucker	bestreuten Tischplatte ausrollen, mit einer Herzform Plätzchen ausstechen, auf ein Backblech legen, die Teigherzen mit der restlichen Eiweißmasse bestreichen, mit halbierten
roten Belegkirschen	garnieren, das Backblech in den vorgeheizten Backofen schieben Strom: 150–175 Gas: 2–3 Backzeit: Etwa 40 Minuten.

Marzipanplätzchen

250 g Weizenmehl	mit
1 gestr. Teel. Backpulver	mischen, auf die Tischplatte sieben, eine Vertiefung eindrücken
75 g Zucker	
1 Vanillinzucker	und
1 Ei	hineingeben, mit einem Teil des Mehls zu einem dicken Brei verarbeiten
125 g kalte Butter	in Stücken daraufgeben, mit Mehl bedecken und schnell zu einem glatten Teig verkneten, diesen eine Zeitlang kalt stellen, dünn ausrollen, Plätzchen ausstechen, auf ein Backblech legen
200 g Marzipanrohmasse	
2 Eier	und
1 Packung Rumback	zu einer geschmeidigen Masse verrühren, einen Teil davon abnehmen, die übrige Masse in einen Spritzbeutel mit Sterntülle füllen, die Teigplätzchen damit bespritzen, das zurückgelassene Marzipan mit
gesiebtem Kakao	verrühren, Tupfen auf die Plätzchen spritzen, das Backblech in den vorgeheizten Backofen schieben Strom: Etwa 175 Gas: 3–4 Backzeit: Etwa 35 Minuten.

Schokoladenplätzchen

	Für den Teig
125 g Butter	geschmeidig rühren, nach und nach
75 g Zucker	
1 Eigelb	hinzugeben
200 g gesiebtes Weizenmehl	
200 g zerlassene Halbbitter-kuvertüre	dazugeben, alle Zutaten zu einem glatten Teig verarbeiten, messerrückendick ausrollen, mit einer runden Form (Durchmesser 4 cm) Plätzchen ausstechen, auf einem gefetteten Backblech in den vorgeheizten Backofen schieben Strom: Etwa 200 Gas: 3–4 Backzeit: Etwa 20 Minuten
	für die Füllung
200 g Nußnougat	auf Folie ausrollen, mit der Form Plätzchen ausstechen je 2 gebackene Plätzchen mit einem Nougatplätzchen zusammensetzen
	für den Guß
1 Packung dunkle Kuchenglasur	nach Vorschrift erhitzen, das Gebäck damit bestreichen und mit
bunten Zuckerstreuseln	garnieren.

Nußecken

Farbfoto auf Seite 36

	Für den Teig
150 g Weizenmehl	mit
½ gestr. Teel. Backpulver	mischen, auf die Tischplatte sieben, eine Vertiefung eindrücken
65 g Zucker	
1 Vanillinzucker	und
3 Eigelb	hineingeben, mit einem Teil des Mehls zu einem dicken Brei verarbeiten
65 g kalte Margarine	in Stücken daraufgeben, mit Mehl bedecken, alle Zutaten schnell zu einem glatten Teig verkneten, diesen zu einem Rechteck von etwa 32×24 cm auf einem gefetteten Backblech ausrollen, dünn mit
Aprikosenkonfitüre	bestreichen
	für den Belag
1 Packung Nußmakronen-gebäck	
3 Eiweiß	und
1 Teel. Wasser	nach Vorschrift auf der Packung (aber mit 3 Eiweiß) zubereiten, auf dem ausgerollten Teig verteilen, vor den Teig ein mehrfach umgeknicktes Stück

Alufolie legen, so daß ein Rand entsteht, das Backblech in den vorgeheizten Backofen schieben
Strom: 175–200
Gas: 3–4
Backzeit: 15–25 Minuten
das Gebäck etwas abkühlen lassen, in Quadrate (4×4 cm) schneiden, diese diagonal halbieren, so daß Dreiecke entstehen

für den Guß

100 g zartbittere Schokolade in kleine Stücke brechen, mit *etwas Kokosfett* in einem kleinen Topf im Wasserbad zu einer geschmeidigen Masse verrühren, die beiden spitzen Ecken des Gebäcks hineintauchen.

Sterntaler

	Für den Teig
250 g Weizenmehl	auf die Tischplatte sieben, eine Vertiefung eindrücken
50 g gesiebten Puderzucker	
1 Vanillinzucker	
abgeriebene Schale von ½ Zitrone	
1 Eßl. Zitronensaft	hineingeben
175 g kalte Butter	in Stücken daraufgeben und von der Mitte aus schnell zu einem glatten Teig verkneten, falls er klebt, eine Zeitlang kalt stellen den Teig etwa 3 mm dick ausrollen, Sterne ausstechen, auf ein gefettetes Backblech legen, in den vorgeheizten Backofen schieben Strom: 175–200 Gas: 2–3 Backzeit: Etwa 8 Minuten
	für den Guß
175 g Puderzucker	sieben, mit
3 Eßl. Zitronensaft	glattrühren, bis eine dickflüssige Masse entsteht, die erkalteten Plätzchen damit bestreichen und mit
20 g gehackten Pistazienkernen	bestreuen.

Herzen

	Für den Teig
125 g Butter	geschmeidig rühren, nach und nach
125 g Zucker	
1 Vanillinzucker	
2 Eier	und
Salz	hinzugeben
75 ml Sahne	
2 Eßl. Rum	unterrühren
500 g Weizenmehl	mit
3 gestr. Teel.	
Backpulver	mischen, sieben, ⅔ davon eßlöffelweise unter den Teig rühren, den Rest des Mehls unterkneten, den Teig auf der mit
Weizenmehl	bestäubten Tischplatte etwa ½ cm dick ausrollen, mit einer Herzform ausstechen, schwimmend in siedendem
Ausbackfett	goldbraun backen, zwischendurch einmal umdrehen, auf Haushaltspapier oder auf einem Kuchenrost abtropfen lassen
	für den Guß
125 g gesiebten	
Puderzucker	mit
etwa 2 Eßl. Rum	zu einer geschmeidigen Masse verrühren, die Herzen auf einer Seite mit dem Guß bestreichen, nach Belieben warm oder kalt mit
Schlagsahne	servieren.

Florentiner Plätzchen

Farbfoto auf Seite 37

	Für den Teig
150 g Weizenmehl	mit
½ gestr. TL Backpulver	mischen, auf die Tischplatte sieben, in die Mitte eine Vertiefung eindrücken
50 g Zucker *1 Vanillinzucker* *1 Ei* *2 Eßl. Wasser*	hineingeben, mit einem Teil des Mehls zu einem dicken Brei verarbeiten
75 g kalte Butter	in Stücke schneiden, auf den Brei geben, mit Mehl bedecken, von der Mitte aus alle Zutaten schnell zu einem glatten Teig verkneten, sollte er kleben, ihn eine Zeitlang kalt stellen den Teig etwa 3 mm dick ausrollen, runde Plätzchen (Durchmesser etwa 5 cm) ausstechen, auf ein gefettetes Backblech legen, in den vorgeheizten Backofen schieben, hellgelb vorbacken Strom: 200–225 Gas: 3–4 Backzeit: Etwa 8 Minuten

	für den Belag
50 g Butter	mit
100 g Zucker	
1 Vanillinzucker	
2 Eßl. Honig	so lange erhitzen, bis die Masse leicht gebräunt ist
100 g gehobelte, abgezogene Mandeln	
100 g in Scheiben geschnittene Haselnußkerne	
25 g in Stücke geschnittene Belegkirschen	dazugeben, unter Rühren kochen lassen, bis die Masse gebunden ist, mit 2 Teelöffeln auf die vorgebackenen Plätzchen verteilen, das Backblech in den vorgeheizten Backofen schieben Strom: 175–200 Gas: 3–4 Backzeit: Etwa 10 Minuten
	für den Guß
75 g dunkle Kuvertüre	im Wasserbad zu einer geschmeidigen Masse verrühren, die erkalteten Plätzchen auf der Unterseite damit bestreichen.

Walnußplätzchen

100 g Butter	geschmeidig rühren, nach und nach
100 g Zucker	
1 Vanillinzucker	und
4 Eßl. Milch	hinzugeben
200 g Weizenmehl	mit
1 gestr. Teel. Backpulver	mischen, sieben, 2 Drittel davon eßlöffelweise unterrühren, den Rest des Mehls mit
50 g kleingeschnittener Blockschokolade	
50 g gehackten Walnußkernen	unterkneten, den Teig eine Zeitlang kalt stellen, gut haselnußgroße Kugeln formen, leicht flachdrücken, auf ein gefettetes Backblech legen, in den vorgeheizten Backofen schieben Strom: 175–200 Gas: 3–4 Backzeit: Etwa 10 Minuten
100 g halbbittere Kuvertüre	in einem kleinen Topf im Wasserbad glattrühren, die erkalteten Plätzchen knapp zur Hälfte hineintauchen.

Haferflockenplätzchen

125 g Butter	
125 g Zucker	
1 Eigelb	geschmeidig rühren, nach und nach
250 g Haferflocken, blütenzarte	
50 g abgezogene, gemahlene Mandeln	
1 gestr. Teel. Backpulver	und
abgeriebene Zitronenschale (unbehandelt)	hinzugeben, gut verrühren
1 Eiweiß	steif schlagen, zuletzt unter den Teig heben
	den Teig nicht zu dick ausrollen, Plätzchen ausstechen, auf ein gefettetes Backblech legen
1 Eigelb	verschlagen, die Plätzchen damit bestreichen, das Backblech in den vorgeheizten Backofen schieben Strom: 175–200 Gas: 3–4 Backzeit: Etwa 15 Minuten.

Hirtenstäbchen

	Für den Teig
2 Eier *1 Eßl. warmes Wasser*	mit einem elektrischen Handrührgerät schaumig schlagen, nach und nach
125 g Zucker *1 Vanillinzucker* *1 Msp. gem. Zimt*	hinzugeben, so lange schlagen, bis eine cremeartige Masse entstanden ist
125 g Weizenmehl	mit
½ gestr. Teel. Backpulver	mischen, sieben, nach und nach mit
100 g abgezogenen, gehackten Mandeln *125 g Rumrosinen* *50 g verlesenen Korinthen* *100 g Schokoblättchen*	unter die Masse rühren, den Teig knapp 1 cm dick auf ein gefettetes Backblech streichen, vor den Teig einen Streifen Alufolie legen, das Backblech in den vorgeheizten Backofen schieben Strom: 175–200 Gas: 3–4 Backzeit: 10–15 Minuten.

	das Gebäck abkühlen lassen, in Stäbchen schneiden (2×6 cm)
	für den Guß
100 g Kuvertüre	in einem kleinen Topf im Wasserbad zu einer geschmeidigen Masse verrühren, die erkalteten Stäbchen jeweils mit einem Ende hineintauchen.

Streuselplätzchen

300 g Blätterteig, tiefgekühlt	auftauen lassen (nicht durchkneten), dünn ausrollen, mit einer runden Form (5 cm ∅) Plätzchen ausstechen, auf ein mit kaltem Wasser abgespültes Blech legen und mit
Dosenmilch	bestreichen
1 Packung Streuselteig	mit
1 Ei	und
125 g Margarine	nach Vorschrift verarbeiten
50 g kleingeschnittene, rote Belegkirschen	hinzufügen, die Plätzchen gleichmäßig mit Streuseln bedecken, das Backblech in den vorgeheizten Backofen schieben Strom: 200–225 Gas: 3–4 Backzeit: Etwa 15 Minuten.

Mürbchen, doppelt gefüllte

	Für den Teig
325 g Weizenmehl	mit
1 gestrich. Teel. Backpulver	mischen, auf die Tischplatte sieben, in eine Vertiefung
100 g Zucker	
1 Vanillinzucker	und
1 Ei	geben, mit etwas Mehl zu einem dicken Brei verarbeiten
200 g kalte Butter	in Stücken daraufgeben, alles zu einem glatten Teig verkneten, eine Zeitlang kalt stellen, dann dünn ausrollen, mit einer gezackten Form (4 cm ∅) Plätzchen ausstechen, die Hälfte mit kleinerer Form ausstechen, damit Ringe entstehen, beide Formen auf einem Backblech in den vorgeheizten Backofen schieben Strom: 175–200 Gas: 3–4 Backzeit: 8–10 Minuten die erkalteten Plätzchen auf der Unterseite mit
Ananaskonfitüre	bestreichen, die Ringe darauflegen
	Füllung
75 g Schokolade	in Stücke brechen, mit
etwas Kokosfett	im Wasserbad verrühren, die Mitte des Gebäcks damit füllen.

Vanillekipferl

250 g Weizenmehl	und
1 Msp. Backpulver	mischen, auf die Tischplatte sieben, eine Vertiefung eindrücken
125 g Zucker	mit
1 Vanillinzucker	und
3 Eigelb	hineingeben, mit einem Teil des Mehls zu einem dicken Brei verarbeiten
200 g kalte Butter	in Stücken und
125 g abgezogene, gemahlene Mandeln	daraufgeben, mit Mehl bedecken, zu einem glatten Teig verkneten, dann daumendicke Rollen formen, gut in 2 cm lange Stücke schneiden, diese zu 5 cm langen Rollen formen, die Enden etwas dünner rollen, als Hörnchen auf ein Backblech legen, in den vorgeheizten Backofen schieben Strom: 175–200 Gas: 3–4 Backzeit: Etwa 10 Minuten
50 g Puderzucker	sieben, mit
1 Vanillinzucker	mischen, die noch heißen Kipferl darin wälzen.

Vanille- und Schokobaisers

	Für die Vanillebaisers
4 Eiweiß	steif schlagen, ein Messerschnitt muß sichtbar bleiben
100 g Zucker	eßlöffelweise unterschlagen
2 Vanillinzucker	mit
125 g gesiebtem Puderzucker	mischen, vorsichtig unter den Eischnee heben, die Masse in einen Spritzbeutel füllen, kleine Häufchen (etwa 3 cm) auf ein mit Pergamentpapier belegtes Backblech spritzen, auf mittlerer Schiene in den Backofen schieben
	für die Schokobaisers
4 Eiweiß	steif schlagen (wie oben)
125 g Zucker	mit
125 g gesiebtem Puderzucker	mischen, eßlöffelweise unterschlagen, die Masse wie oben verarbeiten, mit
20 g gesiebtem Kakao	bestäuben, auf die mittlere Schiene im vorgeheizten Backofen setzen, bei jedem Backvorgang die Backofentür durch einen Kochlöffel leicht geöffnet halten Strom: Etwa 100 Gas: Etwa 1 Backzeit: Je Backvorgang 1–1 ½ Std
	für die Creme
knapp ½ l Milch	(6 Eßl. abnehmen) mit
1 Vanillinzucker	zum Kochen bringen

1 Vanillepudding	mit der Milch anrühren, in die kochende Milch rühren, kurz aufkochen lassen, während des Erkaltens ab und zu durchrühren, damit sich keine Haut bildet
250 g Butter	geschmeidig rühren, den Pudding bei gleicher Temperatur wie die Butter eßlöffelweise unterrühren
	gut die Hälfte der Creme mit
3 Vanillinzucker	dem Mark von
1 Vanilleschote	und
2 Eßl. Orangenlikör	verrühren, die andere Hälfte mit
100 g Nußnougat	und
1 Eßl. Weinbrand	vermengen
	Vanillecreme in einen Spritzbeutel mit mittelgroßer Sterntülle füllen, die Hälfte der Vanillebaisers auf der unteren Seite mit Creme bespritzen, die andere Hälfte daraufsetzen
	die Schokobaisers in gleicher Weise mit Nougatcreme bespritzen und zusammensetzen.

Wiener Herzen

	Für den Teig
300 g Weizenmehl	auf die Tischplatte sieben, in die Mitte eine Vertiefung drücken
100 g gesiebten Puderzucker *2 Vanillinzucker* *2 Eigelb* *etwas Salz*	und die
abgeriebene Schale einer Zitrone (unbehandelt)	hineingeben, mit einem Teil des Mehls zu einem Brei verarbeiten
200 g kalte Butter	in Stücken daraufgeben, mit Mehl bedecken und alle Zutaten von der Mitte aus zu einem glatten Teig verkneten den Teig dünn ausrollen, Herzen ausstechen, auf ein Backblech legen, in den vorgeheizten Backofen schieben Strom: 175–200 Gas: 3–4 Backzeit: 8–10 Minuten die Hälfte der erkalteten Plätzchen auf der Unterseite mit
2 Eßl. durch ein Sieb gestrichener Aprikosen-konfitüre	bestreichen, die übrigen Plätzchen mit der Unterseite daraufsetzen

Spritzgebäck

Farbfoto auf Seite 39

	Für den Teig
250 g Butter	geschmeidig rühren, nach und nach
250 g Zucker	
2 Päckchen Vanillinzucker	
3 Eigelb	
abgeriebene Schale von 1 Zitrone (unbehandelt)	unterrühren
500 g Weizenmehl	mit
2 gestrichenen Teel. Backpulver	mischen, sieben, nach und nach eßlöffelweise mit
gut 1 Eßl. Milch	unterrühren bevor das Mehl ganz untergearbeitet ist, wird der Teig sehr fest, dann den Rest des Mehls unterkneten, den Teig durch einen Fleischwolf mit Spezialvorsatz spritzen, Stücke von beliebiger Länge als Stangen und Kränze auf ein Backblech legen, in den vorgeheizten Backofen schieben Strom: 175–200 Gas: 3–4 Backzeit: Etwa 15 Minuten
	für den Guß
60 g dunkle Kuchenglasur	nach Vorschrift auf der Packung auflösen, die erkalteten Plätzchen damit bestreichen.

Bärentatzen

	Für den Teig
50 g Marzipanrohmasse	
150 g Zucker	
2 Eier	mit einem elektrischen Handrührgerät geschmeidig rühren
250 g weiche Butter	
Salz	
abgeriebene Zitronenschale	hinzugeben, verrühren
200 g Weizenmehl	mit
175 g Speisestärke	und
50 Kakao	mischen, sieben, eßlöffelweise unter die Masse rühren, in einen Spritzbeutel mit Sterntülle füllen, kleine Bärentatzen auf ein gefettetes, bemehltes Backblech spritzen (Tülle aufsetzen, einen dicken Tupfer aufspritzen, dann spitz auslaufen lassen), das Blech auf der mittleren Schiene in den vorgeheizten Backofen schieben Strom: Etwa 200 Gas: Etwa 3 Backzeit: 12–15 Minuten
	für die Füllung und für den Guß
100 g Nußnougat	
150 g Zartbitter-Kuvertüre	getrennt im Wasserbad zu einer geschmeidigen Masse verrühren, die Hälfte der

erkalteten Plätzchen umdrehen, mit der Nougatmasse bestreichen, die anderen Plätzchen daraufsetzen, die Bärentatzen mit der Spitze in die Kuvertüre tauchen.

Mandelbrenten

200 g gemahlene, geröstete Mandeln	mit
60 ml Rosenwasser	
100 g Zucker	verrühren
50 g Puderzucker	
40 g Weizenmehl	mischen, sieben, mit der Mandelmasse auf der Tischplatte verkneten, den Teig eine Zeitlang kalt stellen, und auf der mit
Puderzucker	bestäubten Tischplatte ausrollen, ovale Plätzchen (etwa 6×3 cm) ausstechen, auf ein Backblech legen
1 Eigelb	verschlagen, die Plätzchen damit bestreichen
200 g abgezogene Mandeln	halbieren, in Form eines Tannenzapfens auf die Plätzchen legen, das Backblech in den vorgeheizten Backofen schieben Strom: 175–200 Gas: 2–3 Backzeit: 10–15 Minuten.

Nuß-Nougatplätzchen

	Für den Teig
1 Nußkuchen-Backmischung	auf die Tischplatte geben, in die Mitte eine Vertiefung eindrücken
1 Ei	hineingeben, mit einem Teil der Backmischung zu einem dicken Brei verarbeiten
75 g kalte Butter	in Stücke schneiden, mit
100 g Nuß-Nougatmasse	auf den Brei geben, mit Backmischung bedecken, von der Mitte aus schnell zu einem glatten Teig verkneten, aus diesem etwa 3 cm dicke Rollen formen, so lange kalt stellen, bis sie hart geworden sind, von den Rollen knapp ½ cm dicke Scheiben abschneiden, auf ein gefettetes Backblech legen, in den vorgeheizten Backofen schieben Strom: 175–200 Gas: 3–4 Backzeit: Etwa 10 Minuten
	für den Guß
fertige Glasurmischung	(etwa ½ Beutel) mit
2 gestr. Eßl. gesiebtem Kakao	und
1 Eßl. warmem Wasser	glattrühren, die erkalteten Plätzchen damit besprenkeln.

Nougatkaros

	Für den Teig
250 g Weizenmehl	mit
½ gestr. TL Backpulver	mischen, auf die Tischplatte sieben, eine Vertiefung eindrücken,
75 g Zucker	
1 Vanillinzucker	und
1 Ei	hineingeben, mit einem Teil des Mehls zu einem dicken Brei verarbeiten
200 g kalte Butter	in Stücken, mit
150 g gemahlenen, leicht gerösteten Haselnüssen	daraufgeben, mit Mehl bedecken, alle Zutaten schnell zu einem glatten Teig verkneten und eine Zeitlang kalt stellen, den Teig dünn ausrollen, in Quadrate von 3×3 cm schneiden, auf ein Backblech legen, in den vorgeheizten Backofen schieben Strom: 175–200 Gas: 3–4 Backzeit: 8–10 Min
	für die Füllung
200 g Nußnougatmasse	in einem kleinen Topf im Wasserbad geschmeidig rühren, die Hälfte der erkalteten Plätzchen auf der Unterseite damit bestreichen, die übrigen mit der Unterseite darauflegen.

Nougattuffs

	Für den Teig
175 g Butter	geschmeidig rühren, nach und nach
150 g gesiebten Puderzucker	
1 Vanillinzucker	und
3 Eigelb	hinzugeben
225 g Weizenmehl	mit
1 Msp. Backpulver	und
1 gut gehäuften Eßl. Kakao	mischen, sieben, eßlöffelweise unterrühren, den Teig in einen Spritzbeutel mit Sterntülle füllen, Tuffs (Durchmesser etwa 2 cm) auf ein Backblech spritzen, in den vorgeheizten Backofen schieben Strom: 175–200 Gas: 3–4 Backzeit: 10–12 Minuten
	für die Füllung
150–200 g Nußnougat	in einem kleinen Topf im Wasserbad zu einer geschmeidigen Masse verrühren, die Hälfte der erkalteten Plätzchen auf der Unterseite damit bestreichen, die übrigen mit der Unterseite darauflegen
	zum Garnieren
fertige Kuvertüre	im Wasserbad erhitzen, mit einem Teelöffel Tupfen auf die Plätzchen setzen.

Mandelknusperchen

375 g Weizenmehl	mit
1 gestr. TL Backpulver	mischen, auf die Tischplatte sieben, eine Vertiefung eindrücken
350 g Grümmel (gestoßener brauner Kandis)	
1 ½ TL gemahl. Zimt	und
2 Eier	hineingeben, mit einem Teil des Mehls zu einem dicken Brei verarbeiten
125 g kalte Butter	in Stücke schneiden, mit
200 g abgezogenen, gesplitterten Mandeln	auf den Brei geben, mit Mehl bedecken, von der Mitte aus alle Zutaten schnell zu einem glatten Teig verkneten, daraus gut 2 ½ cm dicke Rollen formen, so lange kalt stellen, bis sie hart geworden sind, dann mit einem scharfen Messer etwa ½ cm dicke Scheiben davon abschneiden, diese auf ein gefettetes Backblech legen, in den vorgeheizten Backofen schieben Strom: 175–200 Gas: 3–4 Backzeit: Etwa 10 Minuten.

Freudentränen

	Für den Teig
175 g Butter	geschmeidig rühren, nach und nach
200 g gesiebten Puderzucker *1 Vanillinzucker* *1 Ei* *6 Trpf. Rumaroma* *2 Trpf. Bittermandelöl* *je 1 Messerspitze Kardamom, Zimt und Nelken*	hinzugeben
250 g Weizenmehl	mischen, sieben, ⅔ des Mehls eßlöffelweise unterrühren, den Rest mit allen Zutaten zu einem glatten Teig verkneten und diesen eine Zeitlang kalt stellen. Danach den Teig etwa 2 mm dick ausrollen, mit einer Mutzenmandel-Ausstechform Plätzchen ausstechen, auf ein gefettetes Backblech legen und in den vorgeheizten Backofen schieben Strom: 175–200 Gas: 3–4 Backzeit: 4–5 Min
	für die Füllung
200 g Nuß-Nougatmasse	zu einer streichfähigen Masse verrühren, die Hälfte der erkalteten

	Plätzchen auf der Unterseite damit bestreichen, die übrigen mit der Unterseite darauflegen
	für den Guß
75 g zartbittere Schokolade	in kleine Stücke brechen, mit
Kokosfett	in einem kleinen Topf im Wasserbad zu einer geschmeidigen Masse verrühren und die Freudentränen jeweils mit der Spitze hineintauchen.

Dattelmakronen

125 g Butter	zerlassen, nach und nach
250 g kernige Haferflocken	unterrühren, erkalten lassen
250 g getrocknete Datteln	verlesen, entkernen, würfeln
2 Eier	schaumig schlagen, nach und nach
100 g Zucker *1 Vanillinzucker* *½ gestr. Teel. Backpulver*	hinzugeben, Haferflocken, Datteln unterrühren. Von dem Teig mit 2 Teelöffeln kleine Häufchen auf ein gefettetes Backblech setzen, in den vorgeheizten Backofen schieben Strom: Etwa 175 Gas: 2–3 Backzeit: 15–20 Minuten.

Rosinenstangen

	Für den Teig
275 g Weizenmehl	auf die Tischplatte sieben, in die Mitte eine Vertiefung eindrücken
2 Vanillinzucker	
Salz	und
4 Eßl. Milch	hineingeben, mit einem Teil des Mehls zu einem dicken Brei verarbeiten
250 g kalte Butter	in Stücke schneiden, auf den Brei geben, mit Mehl bedecken, von der Mitte aus schnell zu einem glatten Teig verkneten und eine Zeitlang kalt stellen
	für die Füllung
200 g Rosinen	verlesen, kurz in
3–4 Eßl. Rum	tränken, gut abtropfen lassen den Teig dünn ausrollen, in Rechtecke von etwa 5×4 cm schneiden, auf jedes Teigstück einige Rosinen legen, darin einwickeln die Rosinenstangen auf einem Backblech in den vorgeheizten Backofen schieben Strom: 175–200 Gas: Gas 3–4 Backzeit: Etwa 15 Minuten das erkaltete Gebäck mit
Puderzucker	bestäuben oder mit
fertigem Schokoladenguß	bestreichen.

Zimt-Nußmakronen

1 Packung Nuß-Makronengebäck	mit
2 Eiweiß	
2 Teel. Wasser	
2 Teel. Kakao	
1–2 Msp. gemahlenem Zimt	in eine Schüssel geben, mit einem elektrischen Handrührgerät auf höchster Stufe in etwa 2 Min. zu einem glatten Teig verarbeiten, mit 2 Teelöffeln in haselnußgroßen Häufchen auf ein leicht gefettetes, mit Pergamentpapier belegtes Backblech setzen, in den vorgeheizten Backofen schieben Strom: 175–200 Gas: 3–4 Backzeit: 12–18 Minuten die erkalteten Makronen mit
Puderzuckerguß	besprenkeln, mit
in Stücke geschnittenen Belegkirschen	garnieren.

Plätzchen, bunte

	Für den Teig
500 g Weizenmehl	auf die Tischplatte sieben, in die Mitte eine Vertiefung eindrücken
200 g Zucker *1 Vanillinzucker* *2 Eier* *1 Beutel Citroback* *1 Beutel Rumback*	und
1 Messerspitze gemahlenen Zimt	hineingeben, mit einem Teil des Mehls zu einem dicken Brei verarbeiten
250 g kalte Butter	in Stücke schneiden, auf den Brei geben, mit Mehl bedecken, von der Mitte aus alle Zutaten schnell zu einem glatten Teig verkneten, sollte er kleben, ihn eine Zeitlang kalt stellen den Teig dünn ausrollen, mit beliebigen Formen Plätzchen ausstechen, auf ein gefettetes Backblech legen, in den vorgeheizten Backofen schieben Strom: 175–200 Gas: 3–4 Backzeit: 8–10 Minuten

	für den Guß
etwa 300 g gesiebten Puderzucker	mit
etwas Wasser	zu einer dickflüssigen Masse verrühren, einen Teil mit
Lebensmittelfarbe	verrühren, die erkalteten Plätzchen damit bestreichen/verzieren, mit
Plätzchenschmuck	garnieren.

Zuckerplätzchen und Schokoladenringe

	Für den Teig
1 Feingebäckmischung Butter-Spritzgebäck	in eine Rührschüssel geben
150 g kalte Butter	in Stücken
1 Ei	und
2 Eßl. kaltes Wasser	hinzugeben, mit einem elektrischen Handrührgerät mit Knethaken auf der höchsten Stufe in etwa 3 Minuten zu einer zusammenhängenden Masse verarbeiten, auf die Tischplatte geben, mit den Händen schnell zu einem glatten Teig verkneten und diesen eine Zeitlang kalt stellen

	für die Zuckerplätzchen
	die Hälfte des Teiges ausrollen, mit einer runden, gezackten Form (Durchmesser etwa 4 cm) Plätzchen ausstechen, auf ein gefettetes Backblech legen, mit
Dosenmilch	bestreichen, mit
Hagelzucker	bestreuen
	für die Schokoladenringe
	den restlichen Teig ausrollen, mit einer runden, gezackten Form (Durchmesser etwa 4 cm) Plätzchen ausstechen, dann noch einmal so ausstechen (Durchmesser etwa 1 cm), daß Ringe entstehen, auf ein gefettetes Backblech legen, die Backbleche nacheinander in den vorgeheizten Backofen schieben Strom: 175–200 Gas: 3–4 Backzeit: Etwa 12 Minuten
	für den Guß
Vollmilch-Kuvertüre	in einem kleinen Topf im Wasserbad zu einer geschmeidigen Masse verrühren, die erkalteten Ringe hineintauchen.

den Teig dünn ausrollen, mit beliebigen Formen (vor allem Tierformen) ausstechen, auf ein gefettetes Backblech legen, in den vorgeheizten Backofen schieben, werden Holzmodels benutzt, den Teig in die gut bemehlten Models drücken, den überstehenden Teig abschneiden, die Spekulatiusstücke aus den Models schlagen
Strom: 175–200
Gas: 3–4
Backzeit: Etwa 10 Minuten.

Pfefferkuchenplätzchen

250 g Weizenmehl	mit
2 gestrich. Teel. Backpulver	mischen, auf die Tischplatte sieben und eine Vertiefung eindrücken
175 g Zucker	
je 1 Messerspitze gemahlenen Zimt	
gemahlene Nelken	
geriebene Muskatnuß	
6 Tropfen Backöl Zitrone	
100 g Honig	
1 Eigelb	und
2 Eßl. Milch	hineingeben, mit einem Teil des Mehls zu einem dicken Brei verarbeiten

125 g kalte Butter	in Stücke schneiden
1 Puddingpulver Schokoladenspeise mit geh. Mandeln	und
125 g gemahlene Haselnußkerne	auf den Brei geben, alles mit Mehl bedecken, von der Mitte aus schnell zu einem glatten Teig verkneten und eine Zeitlang kalt stellen den Teig dünn ausrollen, mit beliebigen Formen Plätzchen ausstechen und auf ein gefettetes Backblech legen, mit
1 verschlagenen Eiweiß	bestreichen und je nach Geschmack mit
Schokoladen-streuseln *Hagelzucker* *gehackten Hasel- oder Walnußkernen* *gehackten Mandeln* *gewürfeltem Orangeat oder Zitronat*	bestreuen das Backblech in den vorgeheizten Backofen schieben Strom: 175–200 Gas: 3–4 Backzeit: 8–10 Min.

Gewürzplätzchen

	Für den Teig
1 Packung Butter-Spritzgebäck	mit
150 g kalter Butter *1 Ei* *½ Fl. Rumaroma* *2 Teel. Zimt* *je ½ gestrich. Teel. Nelkenpulver und Kardamom* *1 Msp. Muskatblüte* *50 g gemahl. Mandeln*	in Stücken und allen nebenstehenden Zutaten in eine Rührschüssel geben, mit dem elektrischen Handrührgerät auf höchster Stufe ca. 3 Min. verkneten, dann mit den Händen zu einem glatten Teig verarbeiten und eine Zeitlang kalt stellen
	zum Ausrollen
	die Tischplatte dicht mit
gehobelten Mandeln	bestreuen, den Teig dünn darauf ausrollen, mit beliebigen Formen, (vor allem Tierformen) Plätzchen ausstechen, auf ein gefettetes Backblech legen und in den vorgeheizten Backofen schieben, werden Holzmodels benutzt, den Teig in die gut gemehlten Formen drücken, den überstehenden Teig abschneiden, die Teigstücke aus dem Model schlagen. Strom: 175–200 Gas: 3–4 Backzeit: 10–15 Minuten

Gewürzspritz

Für den Teig

75 g Sirup
75 g Honig
150 g Butter langsam erwärmen, zerlassen und in eine Rührschüssel geben, kalt stellen, unter die fast erkaltete Masse

1 Packung Butter-Spritzgebäck
1 Ei
1 Fl. Rumaroma
½ gestrich. Teel. gemahlenen Zimt
1 Msp. gemahlene Nelken
125 g gemahlene, leicht geröstete Haselnußkerne geben, mit den Knethaken eines elektrischen Handrührgerätes auf höchster Stufe in etwa 3 Minuten zu einem zusammenhängenden Teig verarbeiten und diesen eine Zeitlang kalt stellen

den Teig durch einen Fleischwolf mit Spezialvorsatz drehen, Stücke von beliebiger Länge schneiden oder den Teig etwa ½ cm dick ausrollen, in Rechtecke von 2 ½×7 cm teilen, die Teigstücke auf ein gefettetes Backblech legen und in den vorgeheizten Backofen schieben

	Strom: 175–200 Gas: 3–4 Backzeit: Etwa 15 Minuten *für den Guß*
150 g Halbbitter-Kuvertüre	in einem kleinen Topf im Wasserbad zu einer geschmeidigen Masse verrühren, die Plätzchen nach Belieben hineintauchen
75 g Haselnußkerne	in dünne Scheiben schneiden und das Gebäck damit garnieren.

Ingwer-Kokosmakronen

1 Backmischung Kokosmakronen-gebäck	und
4 Eiweiß	nach Vorschrift zubereiten
50 g kandierten, kleingeschnittenen Ingwer	unterheben, die Masse in walnußgroßen Häufchen auf ein gefettetes Backblech setzen, mit
25 g kandiertem, zerkleinertem Ingwer	garnieren das Backblech auf der mittleren Schiene in den vorgeheizten Backofen schieben Strom: Etwa 175 Gas: 2–3 Backzeit: 12–15 Minuten.

Ingwergebäck

	Für den Teig
125 g Butter	geschmeidig rühren, nach und nach
200 g Zucker	
1 Vanillinzucker	
2 Teel. gemahlenen Ingwer	und
4 Eier	hinzugeben
250 g Weizenmehl	mit
1 gestr. Teel. Backpulver	mischen, sieben, eßlöffelweise mit
250 g geraspelter Schokolade	unter die Masse rühren
200 g Rosinen	verlesen, kleinschneiden, zuletzt unter den Teig heben, den Teig auf ein gefettetes Backblech streichen, in den vorgeheizten Backofen schieben Strom: 175–200 Gas: 3–4 Backzeit: 20–25 Minuten das erkaltete Gebäck in Quadrate (4×4 cm) schneiden
	für den Guß
150 g Halbbitter-Kuvertüre	in einem kleinen Topf im Wasserbad zu einer geschmeidigen Masse verrühren, das Gebäck damit bestreichen, nach Belieben mit
Belegkirschen	garnieren.

Sirupknusperle

Farbfoto auf Seite 109

375 g Sirup	mit
50 g Zucker	und
100 g Butter	langsam erwärmen, zerlassen, in eine Rührschüssel geben, kalt stellen, unter die fast erkaltete Masse nach und nach
1 geh. Teel. gemahlenen Zimt	
1 gestr. Teel. gemahl. Nelken	
1 Messerspitze gemahlene Muskatblüte	
1 Messerspitze gemahlenen Kardamom	rühren
500 g Weizenmehl	mit
2 gestr. Teel. Backpulver	mischen, sieben, ⅔ davon eßlöffelweise unterrühren, den Rest des Mehls unterkneten, den Teig in kleinen Portionen sehr dünn ausrollen, Plätzchen ausstechen, auf ein gefettetes Backblech legen, in den vorgeheizten Backofen schieben Strom: 175–200 Gas: 3–4 Backzeit: 5–7 Minuten.

Printen, würzige

Farbfoto auf Seite 105

200 g Sirup	
50 g Honig	und
50 g Butter	langsam erwärmen, zerlassen und in eine Rührschüssel geben, kalt stellen, unter die fast erkaltete Masse
50 g gestoßenen, braunen Kandiszucker	
50 g Rohrzucker	
1 gestr. Teel. Zimt	
½ gestr. Teel. Nelkenpulver	
½ gestr. Teel. Anissamen	
je 1 Msp. Muskatblüte Ingwer und Kardamom	
30 g gehacktes Orangeat	rühren
300 g Weizenmehl	mit
3 gestr. Teel. Backpulver	mischen, sieben, ⅔ der Mischung eßlöffelweise unterrühren, den Rest des Mehls unter den Teigbrei kneten, den Teig etwa ½ cm dick ausrollen und in Rechtecke von etwa 2 ½×7 cm schneiden, diese auf ein gut eingefettetes Backblech legen und mit
Dosenmilch	bestreichen

die Printen in den vorgeheizten Backofen schieben
Strom: 175–200
Gas: 3–4
Backzeit: Etwa 10 Minuten.

Kirschrosetten

300 g Weizenmehl	auf die Tischplatte sieben, in die Mitte eine Vertiefung eindrücken
100 g gesiebten Puderzucker *2 Vanillinzucker* *2 Eigelb* *Salz* *abgeriebene Schale einer Zitrone (unbehandelt)*	hineingeben, mit einem Teil des Mehls zu einem dicken Brei verarbeiten
200 g kalte Butter	in Stücke schneiden, auf den Brei geben, mit Mehl bedecken, von der Mitte aus schnell zu einem glatten Teig verkneten und eine Zeitlang kalt stellen den Teig etwa 3 mm dick ausrollen, mit einer rosettenartigen Form ausstechen, auf ein Backblech legen, die Teigplätzchen mit
Dosenmilch	bestreichen
Belegkirschen	halbieren, jeweils eine Hälfte in die Mitte legen, das Backblech in den

	vorgeheizten Backofen schieben Strom: 175–200 Gas: 3–4 Backzeit: Etwa 10 Minuten.

Liegnitzer Bomben

Farbfoto auf Seite 106

	Für den Teig
200 g Honig oder Sirup	mit
125 g Zucker *65 g Butter* *2 Eßl. Milch*	langsam erwärmen, zerlassen, in eine Rührschüssel geben, kalt stellen, unter die erkaltete Masse
2 Eier *¼ Fläschchen Backöl Zitrone* *etwas gemahlenen Kardamom* *½ gestr. Teel. Nelken* *1 schwach gehäuften Teel. gemahlenen Zimt*	rühren
250 g Weizenmehl	mit
25 g Kakao *3 gestr. Teel. Backpulver*	mischen, sieben, eßlöffelweise unterrühren

65 g Korinthen	verlesen, mit
65 g abgezogenen, gehackten Mandeln	
65 g gewürfeltem Zitronat (Sukkade)	unter den Teig heben, ihn eßlöffelweise in gefettete Folienförmchen verteilen, auf Backbleche stellen Strom: 175–200 (vorgeheizt) Gas: 3–4 (nicht vorgeheizt) Backzeit: 10–15 Minuten sofort nach dem Backen das Gebäck aus den Förmchen lösen.
175 g Aprikosen-Konfitüre	durch ein Sieb streichen, mit
2 Eßl. Wasser	aufkochen, das erkaltete Gebäck dünn damit bestreichen
	für den Guß
200 g Kuvertüre	in einem Topf im Wasserbad zu einer geschmeidigen Masse verrühren, die „Liegnitzer" damit überziehen.

Falls keine Backringe vorhanden sind, lassen sich Backförmchen für „Liegnitzer" auf einfache Weise herstellen: Alufolie so legen, daß 12mal ein 15 cm langes Stück Folie aufeinanderliegt, auf das oberste Stück Folie 2 Kreise von jeweils 15 cm Durchmesser nebeneinander aufzeichnen, so ausschneiden, daß 24 runde Folienblätter entstehen, diese Folienblätter einzeln mit der blanken Seite auf den Boden eines umgedrehten Bechers (z. B. Joghurtbecher) legen, die überstehende Folie fest andrücken, so daß Förmchen mit einem gleichmäßig hohen Rand entstehen.

Konfekt

Nougatpralinen

200 g Marzipanrohmasse	mit
150 g gesiebtem Puderzucker	
1 Eigelb	vermengen
200 g Nußnougat	durchkneten, mit
1 EL Weinbrand	vermengen
	Marzipan und Nußnougatmasse jeweils getrennt auf
gesiebtem Puderzucker	ausrollen, mit
verschlagenem Eiweiß	bestreichen, die Nougatplatte auf die Marzipanplatte legen, zu einer Rolle formen, Scheiben abschneiden oder ausgerolltes Marzipan und Nougatmasse übereinanderschichten, in Quadrate oder Dreiecke schneiden (die Schichten jeweils mit Eiweiß bestreichen), kalt stellen.

Pistazienkugeln und Krokanttaler

75 ml Sahne	in einen Topf geben
1 Stange Vanille	aufschneiden, das Mark herauskratzen, zu der Sahne geben, zum Kochen bringen, den Topf von der Kochstelle nehmen
250 g Kuvertüre	in kleine Stücke schneiden, unter Rühren in der Sahne schmelzen lassen
2–3 Teel. gesiebten Puderzucker	unterrühren, die Masse halbieren
	für die Pistazienkugeln
20 g Zitronat *20 g Orangeat*	fein würfeln
40 g abgezogene, gehackte Mandeln	unter die eine Hälfte der Schokoladenmasse rühren, die Masse etwa 10 Minuten im Kühlschrank stehen lassen, damit sie fest wird, die Masse mit den Händen zu einer Rolle formen, in Scheiben schneiden, schnell zu Kugeln formen, in
75 g abgezogenen, feingehackten Pistazienkernen	wälzen die Kugeln eine Zeitlang auf einem mit Alufolie belegtem Backblech kühl stellen, anschließend in

Papier-Pralinenförmchen	setzen, zugedeckt bis zum Verzehr oder Verschenken im Kühlschrank aufbewahren
	für die Krokanttaler die zweite Hälfte der Schokoladenmasse mit
100 g Haselnußkrokant *50 g abgezogenen, gemahlenen Mandeln*	verkneten, auf einem mit Alufolie belegten Backblech mit einer Teigkarte aufstreichen, kurze Zeit kühl stellen, anschließend mit einer Ausstechform (Durchmesser etwa 3 cm) Taler ausstechen, mit einem Messer von
kandierten Veilchen	und
kandierten Rosenblättern	den Guß leicht abschaben, die Krokanttaler damit verzieren. Sie halten sich, kühl aufbewahrt, 2–3 Wochen frisch.

Printen, würzige
Rezept auf Seite 97/98

Liegnitzer Bomben
Rezept auf Seite 99/100

Weichkrokantecken
Rezept auf Seite 113/114

Nußtrüffel
Rezept auf Seite 114

Rosinen-Rumkugeln
Rezept auf Seite 121

Walnuß-Aprikosenkonfekt
Rezept auf Seite 126

Überraschungskugeln
Rezept auf Seite 127/128

Kokoshäufchen und verschiedene Pralinen
Rezepte auf den Seiten 129 und 130

Weichkrokantecken

Farbfoto auf Seite 107

200 g abgezogene, gemahlene Mandeln	auf ein ungefettetes Backblech geben, in den vorgeheizten Backofen schieben, die Mandeln goldbraun rösten Strom: Etwa 200 Gas: Etwa 3 Backzeit: 6–8 Minuten
500 g Puderzucker	sieben, mit
50 g Honig	
50 g Butter	in einen Topf geben, unter Rühren so lange erhitzen, bis die Masse karamelisiert, kurz aufkochen lassen, den Topf von der Kochstelle nehmen
1 Vanilleschote	aufschneiden, das Mark herauskratzen
300 g Marzipan-rohmasse	in grobe Würfel schneiden die beiden Zutaten mit den Mandeln kräftig unter die Karamelmasse rühren
125 ml Sahne	zuletzt unterrühren, die Masse auf ein gefettetes Backblech streichen, etwas abkühlen lassen, mit einem scharfen Messer erst in etwa 2 cm breite Streifen, dann in Rauten schneiden, erkalten lassen, mit einem Messer stückweise vom Blech lösen

100 g Halbbitter-Kuvertüre	in einem kleinen Topf im Wasserbad zu einer geschmeidigen Masse verrühren, beide Rautenenden in die Kuvertüre tauchen, am Rand des Gefäßes abstreifen, auf Pergamentpapier oder Alufolie absetzen.

Nußtrüffel

Farbfoto auf Seite 108

75 g Butter	geschmeidig rühren
150 g gemahlene Haselnußkerne	
50 g feingehackten Rumrosinen	
50 g gesiebtem Puderzucker	und
gemahlenem Zimt	nach Geschmack mischen, in die Butter rühren
300 g Kuvertüre	in einem kleinen Topf im Wasserbad zu einer geschmeidigen Masse verrühren, die Hälfte davon unter die Nußmasse rühren, abkühlen lassen, kleine Kugeln davon formen, mit der restlichen Kuvertüre bestreichen, mit
Plätzchenschmuck	garnieren.

Rumkirschen, Mandelstangen und Canachetüten

75 ml Sahne	in einen Topf geben, zum Kochen bringen, den Topf von der Kochstelle nehmen
250 g Kuvertüre	in kleine Stücke schneiden, unter Rühren in der Sahne schmelzen
2 Eßl. Rum *2 Eßl. gesiebten Puderzucker*	unterrühren, die Masse abkühlen lassen, anschließend noch für 8–12 Minuten in den Kühlschrank stellen (nicht länger, die Masse muß noch streich- und spritzfähig sein) ⅔ der Masse in einen Spritzbeutel füllen
	für die Rumkirschen eine Lochtülle in den Spritzbeutel setzen
8 Papier-Pralinenförmchen	nebeneinanderstellen, mit der Masse aus dem Spritzbeutel zuerst einen Boden, dann am Rand entlang Ringe in die Förmchen spritzen
8 Kirschen (aus dem Rumtopf)	in die Öffnungen jeweils 1 Kirsche setzen, die Pralinen eine Zeitlang beiseite stellen
	für die Mandelstangen auf ein mit Alufolie belegtes

	Backblech mit der Masse aus dem Spritzbeutel etwa 5 cm lange, dicke Streifen spritzen (ergibt etwa 12 Stück), die Streifen mit
12 abgezogenen, halbierten Mandeln	verzieren
	für die Rumkirschen das letzte Drittel der Schokoladenmasse in den Spritzbeutel füllen, eine Stern- oder Rosentülle einsetzen, zwei Streifen, die sich überkreuzen auf die Pralinen setzen, damit die Kirschen nach Möglichkeit gut bedeckt sind, mit kleinen Stückchen von
kandierten Rosenblättern	verzieren
	für die Canachetüten aus
festem Stanniolpapier	6 Kreise (Durchmesser etwa 8 cm) ausschneiden (mit einem Glas oder einer Tasse), die Kreise in der Mitte durchschneiden, die Papierhälften zu Tüten formen (die ehemalige Kreismitte bildet die Tütenspitze), die Tüten mit der restlichen Canachemasse (Schokoladenmasse) aus dem Spritzbeutel füllen, die offene Fläche mit

abgezogenen, gehackten Pistazienkernen	verzieren. Die Rumkirschen halten sich, kühl aufbewahrt, etwa 1 ½ Wochen, die anderen Sorten sind 2–3 Wochen haltbar.

Krokanttröllchen, gefüllte

125 g Zucker	unter Rühren erhitzen, bis er geschmolzen ist
1 Eßl. Honig	hinzufügen
70 g gehobelte Haselnußkerne	unterrühren, den Backofen vorheizen Strom: Etwa 150 Gas: Etwa 1 (wird benötigt, um die Krokantmasse immer wieder zu erwärmen, da sie beim Erkalten bricht) die Masse auf ein erwärmtes, mit
Speiseöl	gefettetes Backblech geben, mit einer geölten Teigkarte zu einem Rechteck von 12×20 cm ausstreichen, in Rechtecke von 3×5 cm schneiden (vor dem geöffneten Backofen arbeiten) jedes Rechteck mit einem geölten Messer vom Blech heben, zu 5 cm langen Röllchen drehen, abkühlen lassen

für den Guß

50 g Kuvertüre und

etwas Kokosfett in einem kleinen Topf im Wasserbad zu einer geschmeidigen Masse verrühren, die Enden der Röllchen damit bestreichen (mit einem Pinsel), zum Trocknen auf ein Kuchengitter legen.

Die Krokantröllchen halten sich, in einer Dose kühl aufbewahrt, 2–3 Wochen frisch.

Anmerkung: Wenn mehr als 12 Krokantröllchen angefertigt werden, sollte trotzdem keine größere als die angegebene Menge Krokant auf einmal hergestellt werden, da die Krokantmasse sonst zu schnell abkühlt und sich dann nicht mehr formen läßt.

Pistazien-Marzipanpralinen

150 g gemahlene, geröstete Haselnußkerne *100 g abgezogene, fein gehackte Pistazienkerne* *150 g gesiebter Puderzucker* *2 Eßl. Weinbrand* *1 Eiweiß*	Die nebenstehenden Zutaten zu einem glatten Teig verkneten, aus dem Teig walnußgroße Kugeln formen
60 g kandierte Orangenscheiben	sehr fein hacken, jedes Teigstück einmal mit dem Finger eindrücken in die Vertiefung etwas von den Orangen geben, die Stücke leicht zusammendrücken, so daß die Füllung in der Mitte liegt aus den Teigstücken wieder Kugeln formen, auf ein mit Alufolie belegtes Backblech oder Tablett legen, die Kugeln von allen vier Seiten etwas zusammendrücken, so daß kleine Rechtecke entstehen, mit dem Messerrücken kleine Kerben in die Oberfläche drücken.

100 g Kuvertüre	in einem kleinen Topf im Wasserbad zu einer geschmeidigen Masse verrühren, die Pralinen auf einer Gabel bis zur Hälfte hineintauchen, am Rand des Gefäßes leicht abstreifen die Pralinen auf Pergamentpapier oder Alufolie setzen
30 g abgezogene, halbierte Pistazienkerne	mit einem Ende in die Kuvertüre tauchen, schräg in die Oberfläche jeder Praline 1 Kern eindrücken. Diese Pralinen halten sich, kühl gestellt, bis zu 2 Wochen.

Nougatrauten

200 g Nußnougat	mit
3 Eßl. Weinbrand *100 g Marzipanrohmasse* *100 g geriebener Halbbitter-Kuvertüre*	zu einem glatten Teig verkneten, auf
gesiebtem Puderzucker	etwa 1 cm dick ausrollen, mit einem Messer in kleine Rauten schneiden, 24 Std. an einem kühlen Ort stehenlassen, die Pralinen zur Hälfte mit
Puderzucker	bestreuen.

Rosinen-Rumkugeln

Farbfoto auf Seite 109

100 g Butter	geschmeidig rühren, nach und nach
100 g gesiebten Puderzucker	
1 Vanillinzucker	
300 g geriebene Blockschokolade	
3 Eßl. Rum	unterrühren, zuletzt
125 g in Rum eingelegte Rosinen	hinzufügen die Masse eine Zeitlang kalt stellen, kleine Kugeln daraus formen, in
100–150 g Schokoladestreuseln	wälzen das Konfekt in Cellophantüten verpacken oder in verschlossenen Glas- oder Porzellangefäßen kühl aufbewahren.

Weihnachtsblumen zum Dekorieren, Verschenken und Vernaschen

1 kg Marzipanrohmasse,
250 g Puderzucker,
2 Teel. Instant-Kaffee,
1 Eiweiß,
weiße Zuckerperlen,
100 g Mokkabohnen

Die Marzipanmasse mit dem gesiebten Puderzucker sorgfältig verkneten und in 5 gleiche Teile teilen.

Für die 1. Sorte
das Marzipan mit dem Kaffee und 1 Teel. kochendem Wasser verrühren, 2 Kugeln aus der Masse formen und mit einem in heißes Wasser getauchten Messer zu 4 Halbkugeln teilen. Diese mit Eiweiß bestreichen und mit den Zuckerperlen garnieren. Als Blütenkränze die Mokkabohnen in die Marzipanmasse stecken.

4 Teel. Kokosnußcreme (a. d. Dose),
Eiweiß,
2 Eßl. Kokosraspeln,
4 rosa oder gelbe Zuckerperlen,
kandierte Veilchenblätter

Für die 2. Sorte
die Marzipanmasse mit der Kokoscreme gut verkneten, wieder 4 Halbkugeln daraus formen, die mit dem Eiweiß bestrichen werden. Dann mit den Kokosraspeln bestreuen. Je 1 Zuckerperle in die Mitte jeder Halbkugel stecken und mit 4 kandierten Veilchenblättern einrahmen.

Zur Beachtung:
Beide Marzipanblumensorten nur trocknen lassen!

2 Teel.
Vanilleextrakt,
Eigelb,
weiße
Zuckerperlen,
abgezogene,
halbierte Mandeln

Für die 3. Sorte

die Marzipanmasse mit dem Vanilleextrakt verkneten, die 4 Halbkugeln mit Eigelb bestreichen und mit den Zukkerperlen garnieren. Für dic Blütenkränze die Halbkugeln mit den halbierten Mandeln bestecken. Die Marzipanblumen auf ein Backblech legen und in den vorgeheizten Backofen schieben.
Strom: Etwa 200
Gas: Etwa 3
Backzeit: Etwa 5 Minuten

1 gehäufter Teel.
Rosenblätter (a. d. Dose),
oder 2 Teel.
Rosenwasser,
3 Tropfen rote
Lebensmittelfarbe,
Eiweiß,
etwa 100 g
kandierte große
Rosenblätter

Für die 4. Sorte

Die Marzipanmasse mit den Rosenblättern oder dem Rosenwasser verkneten. Die Lebensmittelfarbe hinzufügen, wieder 4 Halbkugeln formen und diese mit Eiweiß bestreichen. Zuletzt die kandierten Rosenblätter als Blütenkranz um die Halbkugeln stecken.
Nicht backen, nur trocknen lassen

2 Teel. Orangenblütenwasser, 1 Teel. abgeriebene Apfelsinenschale (unbehandelt), 3 Tropfen gelbe Lebensmittelfarbe, 1 Tropfen rote Lebensmittelfarbe, Eigelb, 50 g Pinienkerne, abgezogene, halbierte Mandeln	*Für die 5. Sorte* die Marzipanmasse mit Orangenblütenwasser, Apfelsinenschalen und Lebensmittelfarbe verkneten, die 4 Halbkugeln mit Eigelb bestreichen. Die Pinienkerne und die abgezogenen, halbierten Mandeln zu Blütenkränzen stecken. Die Marzipanblumen auf ein Backblech legen und dieses in den vorgeheizten Backofen schieben. Strom: Etwa 200 Gas: Etwa 3 Backzeit: Etwa 5 Minuten Nun aus Seidenpapier in verschiedenen Farben Kreise ausschneiden, die etwas größer sind als die von Ihnen hergestellten „Weihnachtsblumen". Die Ränder der Papiere mit einer Schere leicht wellen und die Blumen in farblich gut passende Papiere setzen. *Tip:* Man kann die Blumen in einen Karton setzen, weihnachtlich verpakken und gesondert verschenken. Sie eignen sich aber auch dazu, Geschenke damit zu garnieren.

Buttercanache mit Zimt

200 g Halbbitter-Kuvertüre	in einem kleinen Topf im Wasserbad zu einer geschmeidigen Masse verrühren, unter gelegentlichem Rühren so lange abkühlen lassen, bis sie dickflüssig ist
100 g Butter	mit einem elektrischen Handrührgerät mit Rührbesen schlagen, nach und nach
40 g gesiebten Puderzucker	
5 g gemahlenen Zimt	
50 ml weißen Rum	hinzugeben, die Kuvertüre hinzufügen, kurze Zeit kalt stellen, die Masse nochmals gut durchschlagen, sollte sie zu fest sein, kurz ins Wasserbad stellen, nochmals durchschlagen, in einen Spritzbeutel mit mittelgroßer Lochtülle füllen, etwa 4 cm lange Stäbchen auf Pergamentpapier oder Alufolie spritzen
50 g Kuvertüre	in einem kleinen Topf im Wasserbad zu einer geschmeidigen Masse verrühren, in einen Spritzbeutel mit sehr kleiner Tülle füllen, sehr schnell feine Striche über die Stäbchen hin- und herspritzen, so daß sie wie mit Garn übersponnen aussehen, von

20 g kandierten Veilchen	jeweils 1 Veilchen auf ein Ende von jedem Stäbchen setzen. Diese Pralinen halten sich, kühl gestellt, 6–8 Tage.

Walnuß-Aprikosen-Konfekt

Farbfoto auf Seite 110

125 g getrocknete Aprikosen	in sehr kleine Stücke schneiden, mit
3 Eßl. Aprikot Brandy	übergießen, zugedeckt etwa 2 Stunden stehenlassen
200 g Marzipan-Rohmasse	hinzufügen, mit einem elektrischen Handrührgerät mit Rührbesen gut verrühren
100 g gesiebten Puderzucker	unterkneten aus der Masse etwa 2 cm dicke Rollen formen, in etwa 1½ cm dicke Scheiben schneiden
100 g Kuvertüre	in einem kleinen Topf im Wasserbad bei schwacher Hitze zu einer geschmeidigen Masse verrühren jedes Marzipanstückchen hineintauchen, auf Pergamentpapier setzen, mit
100 g Walnußkern-hälften	garnieren.

Überraschungskugeln

Farbfoto auf Seite 111

	Für Läuterzucker
30 g Zucker	mit
30 ml Wasser	zum Kochen bringen, einmal aufkochen lassen, so daß der Zucker gelöst ist, abschäumen, auskühlen lassen
	für den Teig
2 Eigelb	mit
2 Eßl. warmem Wasser	schaumig schlagen, nach und nach ⅔ von
75 g Zucker	hinzugeben, schlagen, bis eine cremeartige Masse entstanden ist
2 Eiweiß	steif schlagen, nach und nach den Rest des Zuckers unterschlagen, den Schnee auf die Eigelbcreme geben
50 g Weizenmehl	mit
50 g Speisestärke	
1 gestr. Teel. Backpulver	mischen, darübersieben, unter die Eigelbcreme ziehen (nicht rühren) den Boden einer Springform (Durchmesser etwa 24 cm) fetten, mit Pergamentpapier auslegen, den Teig in die Form füllen, in den vorgeheizten Backofen schieben, sofort backen. Strom: Etwa 200 Gas: Etwa 3 Backzeit: 25–30 Minuten

	zum Tränken den Läuterzucker mit
50 ml Weinbrand	verrühren
	den Biskuitboden mehrmals mit einer Gabel einstechen, mit der Flüssigkeit tränken, das Gebäck abgedeckt auskühlen lassen
	für die Trüffelmasse
100 ml Sahne	mit
2 Eßl. Milch	zum Kochen bringen, einmal aufkochen lassen
2 Eßl. Instant-Kaffee	unterrühren
100 g Mokka-Schokolade	
100 g Zartbitter-schokolade	in kleine Stücke brechen, unter Rühren in der Sahne auflösen, mit
1 Vanillinzucker	und
Salz	würzen
	den Biskuitboden aus der Form lösen, zerkrümeln, in eine Rührschüssel geben, die noch warme Trüffelmasse mit einem elektrischen Handrührgerät unter die Biskuitkrümel kneten, kalt stellen, die Masse in 30 Portionen teilen,
etwa 30 Cocktailkirschen	jede Portion um 1 Cocktailkirsche zur Kugel formen, die Kugeln in
zartbitteren Schokolade-streuseln	wälzen, bis zum Verzehr kalt stellen.

Kokoshäufchen

Farbfoto auf Seite 112

3 Eiweiß	steif schlagen, daß ein Messerschnitt sichtbar bleibt
1 Eßl. gesiebten Puderzucker	unterschlagen
150 g Zucker	mit
⅛ l Wasser	zum Kochen bringen, so lange kochen lassen, bis mit einem Tropfen der Zuckerlösung auf einem Porzellanteller ein Faden gezogen werden kann (etwa 10 Minuten) die Zuckerlösung unter den Eischnee schlagen
250 g Kokosraspeln	unterrühren, die Masse kalt stellen den Teig in 3 gleiche Portionen teilen einen Teil mit
abgeriebener Zitronenschale (unbehandelt)	aromatisieren den zweiten Teil mit
1 Tropfen roter Lebensmittelfarbe	färben, den dritten Teil mit
1 Tropfen gelber Lebensmittelfarbe	färben, die Masse eine Zeitlang trocknen lassen, Häufchen von jeder Sorte in
Papier-Pralinenförmchen	setzen. Diese Pralinen halten sich etwa 1 ½ Wochen.

Pralinen, verschiedene

Farbfoto auf Seite 112

75 ml Sahne	zum Kochen bringen, von der Kochplatte nehmen
2–3 Teel. Instant-Kaffee	unterrühren
250 g Kuvertüre	in kleine Stücke schneiden, unter Rühren in der Sahne auflösen
2–3 Teel. gesiebten Puderzucker	unterrühren, die Masse erkalten lassen, zuletzt noch für 8–12 Minuten in den Kühlschrank stellen, die Masse muß noch streich- und spritzfähig sein
	für die Mokka-Marzipanpralinen
100 g Marzipanrohmasse	mit
2 Eßl. gesiebtem Puderzucker	verkneten
	die Tischplatte mit
gesiebtem Puderzucker	bestäuben, das Marzipan darauf 3–4 mm dick ausrollen, mit runden Förmchen mit gewelltem Rand daraus 10 Taler (Durchmesser 3 cm) und 10 Taler (Durchmesser 1 cm) ausstechen
	die großen Taler in
10 Papier-Pralinenförmchen	setzen
	⅓ der Schokoladenmasse in einen Spritzbeutel mit Rosentülle füllen,

	eine Rosette auf die Marzipantaler in den Förmchen spritzen, die kleinen Taler halbieren, die Pralinen damit oder mit
kandierten Veilchen	garnieren
	für die Orangenpralinen
10 Papier-Pralinenförmchen	nebeneinanderstellen, ⅓ der Schokoladenmasse in einen Spritzbeutel mit Lochtülle füllen, erst einen Boden, dann mehrere Ringe übereinander spritzen, so daß ein Rand entsteht
2 kandierte Kumquats oder andere kandierte Früchte	in feine Scheiben schneiden, die Pralinen damit füllen
	für die Mokka-Pralinen ein Backblech mit Alufolie belegen, den Rest der Schokoladenmasse in einen Spritzbeutel mit großer Rosentülle füllen, Rosetten auf das Blech spritzen, mit
abgezogenen, gestiftelten Mandeln	garnieren. Diese 3 Pralinensorten sind 2–3 Wochen haltbar.

Kirschpralinen

10 rote Belegkirschen	fein hacken, mit
200 g abgezogenen, gemahlenen Mandeln *100 g Zucker* *2–3 Eßl. Kirschwasser* *2 Eßl. Wasser*	zu einer streichfähigen Masse verrühren
100 g Nußnougat	in einem kleinen Topf im Wasserbad zu einer geschmeidigen Masse verrühren
2 Eßl. Kirschwasser	hinzugeben während des Abkühlens ab und zu durchrühren, bis die Masse fast dick ist, durchkneten, auf
gesiebtem Puderzucker	ausrollen die Mandelmasse vorsichtig auf die Nougatmasse verteilen, glattdrücken, mit einer kleinen Form Pralinen ausstechen, 12–24 Stunden an einem kalten Ort stehenlassen.

Petits fours

Petits fours, bunte

	Für den Teig
3 Eigelb	
3 Eßl. warmes Wasser	schaumig schlagen, nach und nach ⅔ von
100 g Zucker	und
1 Vanillinzucker	hinzufügen, so lange schlagen, bis eine cremeartige Masse entstanden ist
3 Eiweiß	steif schlagen, nach und nach den Rest des Zuckers unterschlagen, auf die Eigelbcreme geben
100 g Weizenmehl	mit
1 gestr. Teel. Backpulver	mischen, darüber sieben, alles vorsichtig unter die Eigelbcreme ziehen (nicht rühren), dabei nach und nach
75 g zerlassene, abgekühlte Butter	dazugeben den Teig etwa 1 cm dick auf ein mit Pergamentpapier belegtes Backblech streichen, das Papier unmittelbar vor dem Teig zu einer Falte knicken, so daß ein Rand entsteht, das Backblech in den vorgeheizten Backofen schieben, sofort backen Strom: 200–225 Gas: 3–4 Backzeit: 15–20 Minuten

	den Biskuit sofort nach dem Backen auf ein mit Zucker bestreutes Papier stürzen, das Backpapier mit kaltem Wasser bestreichen, vorsichtig, aber schnell abziehen. Aus dem Biskuit mit kleinen Formen 32 Herzen und 36 Törtchen ausstechen, mit einem Messer 22 Quadrate (3×3 cm) ausschneiden
	für die Herzen
50 g Puderzucker	sieben, mit
100 g Marzipanrohmasse	verkneten, knapp ½ cm dick ausrollen, 16 Herzen (in der Größe der Biskuitherzen) ausstechen
150 g zartbittere Schokolade	in kleine Stücke brechen, im Wasserbad zu einer geschmeidigen Masse verrühren die Hälfte der Biskuitherzen mit etwas Schokolade bestreichen, die Marzipanherzen darauflegen, wieder mit Schokolade bestreichen, mit den Biskuitherzen belegen, Marzipan und Schokoladenmasse aufheben
100 g Puderzucker	sieben, mit
3 Eßl. rotem Johannisbeergelee	und
etwa 3 Teel. Wasser	zu einem dickflüssigen Guß verrühren, die Herzen damit überziehen

	für die Törtchen
75–100 g Nußnougatmasse	in einem kleinen Topf im Wasserbad bei schwacher Hitze zu einer geschmeidigen Masse verrühren, die Hälfte der Törtchen damit bestreichen, die restlichen darauflegen, Nußnougatmasse aufheben
	die restliche Schokoladenmasse mit
20 g Kokosfett	im Wasserbad bei schwacher Hitze zu einer geschmeidigen Masse verrühren, die Törtchen damit überziehen
	für die Quadrate
	das restliche Marzipan dünn ausrollen, in 11 Quadrate (3×3 cm) schneiden, die Hälfte der Biskuitquadrate mit Nußnougatmasse bestreichen, die Marzipanblättchen darauflegen, mit Nußnougatmasse bestreichen, die restlichen Biskuitquadrate darauflegen
125 g Puderzucker	sieben, mit
1–2 Eßl. Zitronensaft	zu einem dickflüssigen Guß verrühren, die Quadrate damit überziehen, mit Marzipanresten garnieren
	die Herzen und die Törtchen mit übriggebliebener Zitronen- oder Schokoladenglasur bespritzen, mit
Liebesperlen oder kandierten Früchten	garnieren

Schokoladen-Petits fours

	Für den Teig
2 Eier *3 Eßl. warmes Wasser*	mit einem elektrischen Handrührgerät mit Rührbesen 1 Minute auf höchster Stufe schlagen
100 g Zucker *1 Vanillinzucker*	mischen, einstreuen, noch 2 Minuten schlagen
75 g Weizenmehl *50 g Speisestärke* *1 gestr. Teel. Backpulver* *1 Eßl. Kakao*	mischen, sieben, kurz auf Stufe 1 unterrühren, den Teig etwa 1 cm dick auf ein mit Pergamentpapier belegtes Backblech streichen, an der offenen Seite unmittelbar vor dem Teig zur Falte knicken, so daß ein Rand entsteht das Blech in den vorgeheizten Backofen schieben Strom: 175–200 Gas: 3–4 Backzeit: 10–15 Minuten den Biskuit nach dem Backen sofort auf ein mit
Zucker	bestreutes Pergamentpapier stürzen das Papier mit kaltem Wasser bestreichen, vorsichtig, aber schnell

	abziehen, den Biskuit kalt stellen, kleine Sterne ausstechen
	für die Füllung
25 g Butter	mit
etwa 75 g Nuß-Nougat	verrühren, die Hälfte der Sterne mit der Nougatmasse bestreichen, die übrigen daraufsetzen
	für den Guß
etwa 150 g zartbittere Schokolade	mit
20 g Kokosfett	in einem kleinen Topf im Wasserbad zu einer geschmeidigen Masse verrühren, die Seiten der Sterne damit bestreichen (mit einem Pinsel)
	für den Belag
75 g Marzipanrohmasse	auf
gesiebtem Puderzucker	ausrollen, für jeden Biskuitstern einen Marzipanstern ausstechen
2 Eßl. Puderzucker	mit
1 Eßl. Zitronensaft	verrühren, die Marzipansterne damit bestreichen, auf die Biskuitsterne legen, mit
halbierten, kandierten Kirschen	garnieren.

Mandel-Petits fours

	Für den Teig
2 Eier	
3 Eßl. warmes Wasser	mit einem elektrischen Handrührgerät mit Rührbesen 1 Minute auf der höchsten Stufe schlagen
100 g Zucker	
1 Vanillinzucker	mischen, einstreuen, noch 2 Minuten schlagen
75 g Weizenmehl	mit
50 g Speisestärke	
1 gestr. Teel. Backpulver	mischen, sieben, mit
50 g abgezogenen, gemahlenen Mandeln	kurz auf Stufe 1 unterrühren den Teig etwa 1 cm dick auf ein mit Pergamentpapier belegtes Backblech streichen, an der offenen Seite das Papier unmittelbar vor dem Teig zur Falte knicken, so daß ein Rand entsteht, das Blech in den vorgeheizten Backofen schieben Strom: 175–200 Gas: 3–4 Backzeit: 10–15 Minuten den Biskuit nach dem Backen sofort auf ein mit
Zucker	bestreutes Pergamentpapier stürzen, das Papier mit kaltem Wasser bestreichen, vorsichtig,

	aber schnell abziehen, den Biskuit kalt stellen, mit einer runden Form (Durchmesser etwa 4 cm) Plätzchen ausstechen
	für die Füllung
25 g Butter	mit
2 gehäuften Eßl. gesiebtem Puderzucker	
1 Eßl. Maraschino	verrühren, die Hälfte der Plätzchen damit bestreichen, die übrigen daraufsetzen
	für den Guß
300 g weiße Schokolade	mit
40 g Kokosfett	in einem kleinen Topf im Wasserbad zu einer geschmeidigen Masse verrühren, die Plätzchen damit überziehen
1 Eßl. Puderzucker	
1 Teel. Kakao	sieben, mit
etwas Wasser	zu einem dickflüssigen Guß verrühren, die Plätzchen damit bespritzen mit einem Holzstäbchen den dunklen Guß durch den hellen Guß ziehen, mit
Plätzchenschmuck	garnieren.

Rezeptverzeichnis